Unternehmensstrategien

Band 1 – Prozesse und Vorgehen

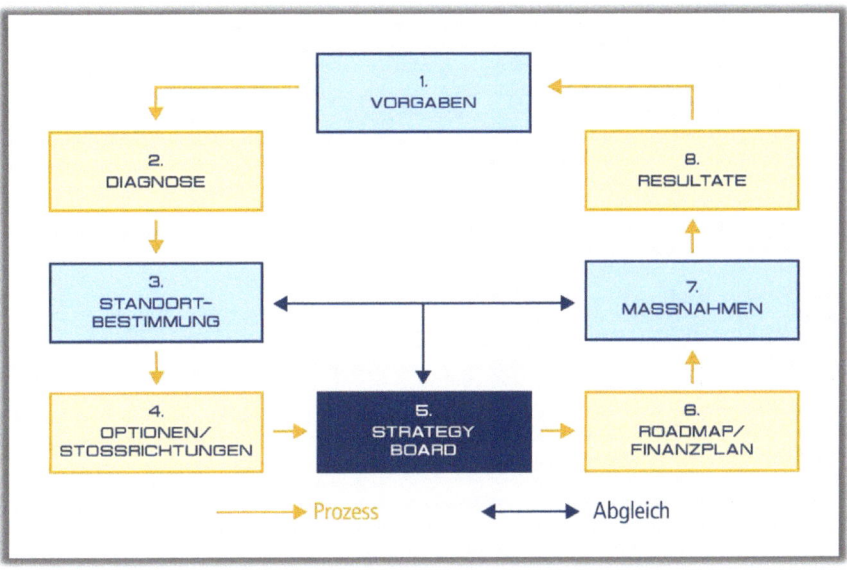

INHALT

Übersicht 7
Einleitung 9
Teil 1 – Prozesse 13
Was ist eine Strategie? 15
Der Strategieprozess 18
    Die Strategieentwicklung 19
    Das strategische Controlling 21
    Der Prozess der Umsetzung 26
Teil 2 – Vorgehen 29
Anfangen mit dem StrategyBoard 31
Setup 37
Strategieprojekt Schritt für Schritt 43
    1. Vorgaben und Ziele 44
    2. Diagnose 46
    3. Strategische Positionierung 51
    4. Gestaltung 53
    5. Strategische Ausrichtung 56
    6. Planung 58
    7. Freigabe der Strategie 60
    8. Strategieumsetzung 62
Vorgehensmodelle 65
Die STRATEGY.APP 71
Der Autor 73

ÜBERSICHT

Handbuch Strategieentwicklung

Unter dem Titel «Unternehmensstrategien» liegt eine praktische Anleitung in drei handlichen Bänden vor, speziell geschrieben für KMUs. Diese soll Ihnen helfen, Ihre Strategien selber zusammen mit den Mitarbeitern zu entwickeln. Alle Aspekte der Strategieentwicklung werden eingehend der STRATEGY.APP eingehend erklärt und vorgestellt. Mit vielen Vorlagen und praktischen Beispielen zum Downloaden.

Band 1: Unternehmensstrategien - Prozesse und Vorgehen

- Was ist eine Strategie und was muss sie leisten – und was ist noch keine Strategie
- Wie sieht der strategische Planungsprozess aus – Strategieentwicklung – Strategisches Controlling – Strategieumsetzung
- Wie bewerten Sie die bestehenden Unterlagen und Elemente der Strategie – Stichwort StrategyBoard
- Wie setzen Sie ein Strategieprojekt auf und wie halten Sie die Strategie am Leben
- Was sind die konkreten Schritte einer Strategieentwicklung, dargestellt anhand der STRATEGY.APP
- Was sind praktische Vorgehensmodelle für die Strategieentwicklung – vom detaillierten Prozess bis zur Kurzstrategie

Band 2: Unternehmensstrategien - Methoden und Instrumente

- Was sind die strategischen Gesetzmässigkeiten
- Welches sind die strategischen Steuerungsgrössen und Erfolgspotenziale
- Welches sind die gängigsten Instrumente für die Strategieentwicklung
- **Phase Vorgaben**:
    - Leitbild, Mission, Vision und Vorgaben der strategischen Ziele mit der BSC
- **Phase Diagnose:**
    - Trendanalyse, Wettbewerbs-/Marktanalyse, Kundennutzenanalyse, SWOT und Hauptherausforderungen
- **Phase Gestaltung:**
    - Marktplatz, Adjacencies, Geschäftsmodelle und Stossrichtungen
- **Phase Planung:**
    - Roadmap, Finanzplan und Massnahmen

- **Umsetzung:**
    - Projektmanagement und OKR (Objectives and Key Results)

Band 3: Unternehmensstrategien - Organisation und Umsetzung

- Wir stimmen Sie die Organisation auf die Strategie ab
- Wie verankern Sie die strategische Arbeit dauerhaft in Ihrem Unternehmen
- Wie bauen Sie ein schlankes und praktisches strategisches Controlling auf
- Wo sind Massnahmen in Projekten abzuarbeiten und wann setzen Sie OKR ein
- Wie setzen Sie den Prozess der Umsetzung auf
- Wie binden Sie Ihre Mitarbeiter in der Strategieprozess und die Umsetzung mit ein
- Wie verfeinern Sie diese Strategie dann fortlaufend, bauen sie aus und passen sie an und machen Ihre Strategie zur «Real Time Strategy»

Die STRATEGY.APP bildet die Basis dieses Handbuches. Alle Tools und Instrumente können auch unabhängig davon eingesetzt werden.

EINLEITUNG

Wie viele Male haben Sie das auch schon erlebt: Man möchte seit längerem wieder einmal die Strategie überarbeiten, neu ausrichten und die Mitarbeiter mit einbeziehen. Aber wir immer, kommt das Dringliche vor dem Wichtigen und die Tagesarbeit geht vor. Die Anfragen der Kunden können (und sollen) nicht warten. Man verschiebt das Vorhaben immer wieder im Glauben, dass es zeitlich in ein paar Monaten wieder besser aussieht, um das Thema richtig anzugehen. Und so bleibt die Strategie ein Stiefkind.

Wie sagte einmal ein berühmter Feldherr:

> Warte nicht, der Zeitpunkt wird niemals perfekt sein.

Und wenn die Strategie einmal erarbeitet ist, die Stossrichtungen definiert und die Massnahmen aufgesetzt sind, dann legt man sie auf die Seite und kehrt zurück ins Tagesgeschäft. Und jetzt passiert Folgendes: Die Strategie fängt an auszufransen, so wie ein Teppich, den man täglich begeht und nicht pflegt. Und schon nach ein oder zwei Jahren sollte man wieder … und man fängt wieder von vorne an.

Ein neuer Ansatz

Wir empfehlen Ihnen ein Vorgehen von der anderen Seite her: Machen Sie die Strategie zum Tagesgeschäft und binden Sie sie ein in die Organisation und die operative Arbeit. Damit erhalten Sie eine aktuelle Strategie, eine «Real Time Strategy». Diese ist in den Köpfen der Mitarbeiter verankert und in Summe bedeutet es erst noch viel weniger Aufwand.

> Eine Strategie muss gepflegt werden – sie ist wie ein Garten, man kann nicht einmal im Frühling pflanzen und dann damit rechnen, dass alles von allein wächst, um im Herbst die Ernte einzufahren oder den Rosenhain zu geniessen.

Strategie muss nicht eine extra und zusätzliche Arbeit sein, wenn sie Teil des alltäglichen Geschäftes wird. Die Umstände heute erlauben es nicht mehr, die Strategie nur einmal im Jahr anzuschauen, vorzustellen und dann wieder auf die Seite zu legen. Strategie muss täglich geprüft und gefordert werden, und das geht nur, wenn sie in der Organisation verankert ist und die Mitarbeiter in die Strategieentwicklung und -umsetzung aktiv mit einbezogen werden.

Anstatt zuerst mit viel Aufwand und Kosten eine grossartige Strategie zu erarbeiten, die dann nach Vollendung erst einmal auf die Seite gelegt wird, gehen Sie wie folgt vor:

Nehmen Sie zuerst einmal all das, was an Strategie vorliegt – SWOT, die wichtigsten Stossrichtungen und Massnahmen – und machen eine Standortbestimmung. Mit dem StrategyBoard stellen wir Ihnen dazu ein hervorragendes Instrument zur Verfügung.

Dann entscheiden Sie, ob Sie eine Strategie in einem Projekt erarbeiten wollen oder diese nach und nach ausbauen. Mit STRATEGY.APP® steht Ihnen hier ein modernes Tool zur Verfügung.

Gleichzeitig arbeiten Sie an der Organisation und setzen den Umsetzungsprozess auf. Mit dem Leitfaden «Die dritte Dimension des Organisierens» stehen auf hier praktische Anregungen und Vorgehensweisen zur Verfügung.

Jetzt bekommt die Strategie ihren Platz, wird in der Organisation verortet und sie wird nach Bedarf und in klar definierten Zeitintervallen angepasst. Sie bekommen so Ihre individuelle «Real-Time-Strategy».

Damit wird Strategie zum Dauerthema, immer zum richtigen Zeitpunkt und mit viel weniger Aufwand.

Wir zeigen Ihnen in diesem Band

- Was ist eine Strategie und was muss sie leisten – und was ist noch keine Strategie
- Wie sieht der strategische Planungsprozess aus – Strategieentwicklung – Strategisches Controlling – Strategieumsetzung
- Wie bewerten Sie die bestehenden Unterlagen und Elemente der Strategie – Stichwort StrategyBoard
- Wie setzen Sie ein Strategieprojekt auf und wie halten Sie die Strategie am Leben
- Was sind die konkreten Schritte einer Strategieentwicklung, dargestellt anhand der STRATEGY.APP

- Was sind praktische Vorgehensmodelle für die Strategieentwicklung – vom detaillierten Prozess bis zur Kurzstrategie

Nicht zuletzt gehört zum Konzept dieses Handbuchs, dass wir keine starren Anweisungen und Richtlinien vorgeben. Vielmehr erlaubt es das Vorgehen, sowohl den Ablauf als auch die Unterlagen jeweils im Hinblick auf die konkrete Situation und die Anforderungen des Unternehmens anzupassen. Das breite Angebot an Instrumenten und Vorlagen bildet keineswegs ein Korsett, das zu einem mechanischen Durchlaufen und Ausfüllen von Formularen verleiten soll. Das Handbuch soll gerade auch durch seine Vorgehensweise vor allem eines lehren:

STRATEGIE VERSTEHEN

Beispiele und Vorlagen zeigen wir anhand unserer Strategiesoftware STRATEGY.APP®.

Mit dem folgenden Link können Sie die App 30 Tage lang kostenlos und unverbindlich testen:

Anmelden für STRATEGY.APP®:
https://www.strategy.app/app_registrieren

TEIL 1 – PROZESSE

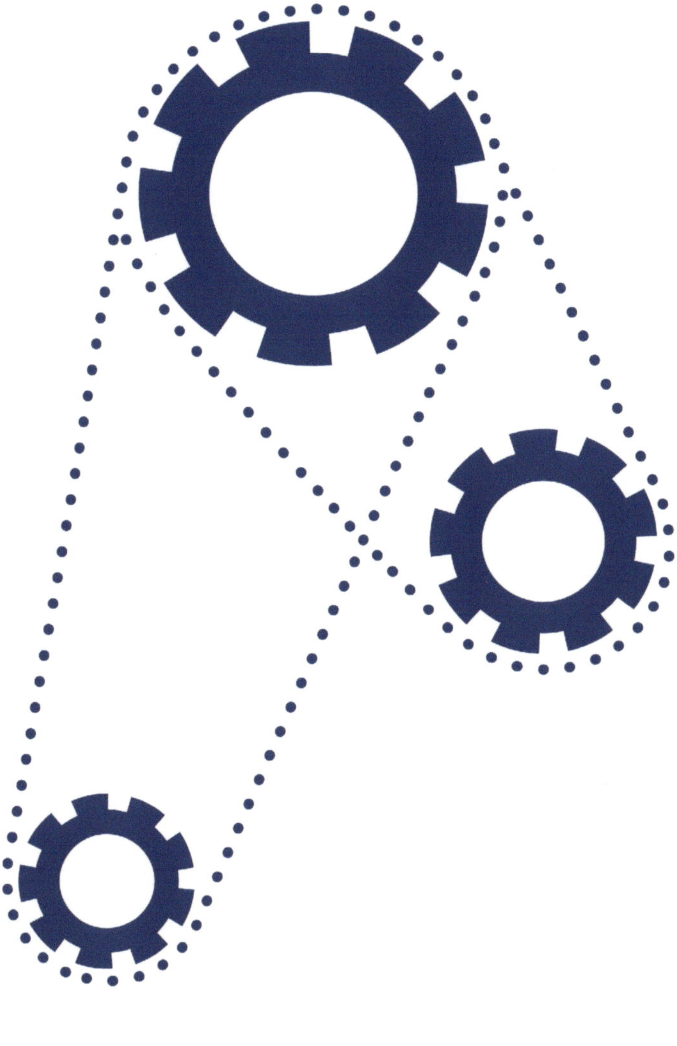

WAS IST EINE STRATEGIE?

Der systemorientierte Ansatz

Der Systemtheorie zufolge beschäftigt sich die Strategie damit, die langfristige Lebensfähigkeit des Unternehmens in seinem übergeordneten System sicherzustellen. Neudeutsch wird diese Aufgabe oft als «Sichern der Zukunftsfähigkeit» bezeichnet.

Mit der langfristigen Lebensfähigkeit eines Unternehmens ist nicht einfach das unmittelbare Überleben von Tag zu Tag oder von Jahr zu Jahr gemeint, sondern das Sicherstellen einer gesunden und tragfähigen Unternehmensentwicklung auf längere Sicht. Somit unterscheidet sich dieser Aufgabenbereich klar von der kurz- und mittelfristigen Planung, die als operative Unternehmensführung bezeichnet wird.

Strategische und operative Planung und Führung unterscheiden sich dabei nicht nur bezüglich ihres Zeithorizonts, sondern auch im Hinblick auf Aufgaben und Inhalt:

- Aufgabe der operativen Führung ist es, die bestehende Planung umzusetzen und aus den vorhandenen Ressourcen und Potenzialen Ergebnisse zu erzielen.
- Die strategische Planung schaut über das Bestehende hinaus. Sie baut neue Potenziale für die Zukunft auf, neue Märkte, neue Produkte, neue Geschäfte. Sie bereitet die Voraussetzungen für zukünftige Ergebnisse vor. Somit ist sie nicht unmittelbar produktiv, sondern schafft die Voraussetzungen dafür, dass das Unternehmen auch langfristig produktiv bleibt.

Einsichten aus dem systemorientierten Ansatz

Strategieentwicklung ist gleichzeitig immer auch Innovation. Innovationsmanagement und Strategieentwicklung sind weitgehend als Synonyme zu betrachten.

Die wichtige Frage darf nun nicht mehr lauten, wie der Gewinn maximiert werden kann, und welches Gewinnmaximum sich erzielen lässt. Stattdessen lautet die Frage: Was ist das Gewinnminimum, welcher Gewinn muss mindestens erreicht werden, damit sich die Zukunft des Unternehmens finanzieren lässt. Und dieses Minimum liegt meist höher als das Maximum, das sich auf die Frage nach der Gewinnmaximierung ergibt.

Was ist eine gute Strategie

Kaum ein Thema wird mit so vielen unterschiedlichen Vorstellungen und Ansätzen angegangen wie eine Strategie. Während es für die die Bereiche Steuern, Rechnungswesen und Recht allgemein anerkannte Richtlinien, Standards und Vorschriften gibt, die meist auch offiziell abgesegnet sind, gibt es für die Strategie nichts Vergleichbares. Auf der Basis des Buches von Rumelt möchten wir einen Versuch starten, das Thema Strategie einzugrenzen und zu definieren[1].

Eine gute Strategie lässt sich gemäss R. Rumelt daran erkennen, dass sie mindestens drei Elemente enthält:

1. Die Diagnose, die die strategischen Herausforderungen definiert oder erklärt,
2. Die Leitlinien, um den Herausforderungen zu begegnen und
3. Eine Reihe von kohärenten Massnahmen zur Umsetzung dieser Leitlinien.

Er bezeichnet diese drei notwendigen und hinreichenden Elemente einer Strategie als den **Kernel** einer guten Strategie. Hingegen sind allein Zielsetzungen oder allgemeine Stossrichtungen noch lange keine Strategie. Ebenso wenig ist etwas strategisch, nur weil es auf C-Level entschieden worden ist.

Eine gute Strategie kann aus mehr als nur dem Kernel bestehen, aber wenn der Kernel fehlt oder fehlerhaft ist, dann ist das ganze strategische Konstrukt auf einem schwachen Fundament aufgebaut.

Was (noch) keine Strategie ist

Die Kenntnis der minimal notwendigen Komponenten einer Strategie macht es leichter zu erkennen, wenn eine Strategie grundsätzlich unvollständig ist. Hier einige Beispiele:

Ein Ziel allein ist keine Strategie.

Nehmen Sie zum Beispiel diese bekannten Zwei-Zahl-Ziele, die Top-Führungskräfte gerne kommunizieren, wenn sie über ihre Strategie sprechen: 20/20 oder 10/10 für 20% Marktanteil und 20% EBIT oder 10% Wachstum und

---

[1] R. Rumelt, «Good Strategy – Bad Strategy», 2011/2017

10% Gewinn. Solche Ziele sind zwar leicht und plakativ zu kommunizieren, stellen aber keine Strategie dar. Hier fehlt schlicht das Fundament.

Nicht alles, was auf C-Level entschieden wird, ist strategisch.

Mit dem Beiwort "strategisch" wird versucht, jeglichen Entscheidungen auf Top-Level ein extra Gewicht zu geben. Aber eine Strategie besteht aus mehr als nur aus dem, was die bestbezahlten Leute im Unternehmen entscheiden.

Eine strategische Stossrichtung ist noch keine Strategie.

Die Vorgabe der Richtung ist zwar wichtig, aber sie reicht nicht aus, wenn es an konkreten Massnahmen und Projekten fehlt, die die Aktivitäten und Ressourcen in die gewählte Richtung lenken.

Ein Bündel von Stärken und Chancen mit vagen Zielen ist noch keine Strategie.

Ohne Leitlinien und Stossrichtungen, wie man das Beste aus den Stärken und Chancen machen kann, ist kein kohärentes Handeln möglich.

Dies ist ein erster Schritt, um festzustellen, ob ein Unternehmen eine Strategie oder, was meist noch schlimmer ist, eine „schlechte Strategie" hat.

DER STRATEGIEPROZESS

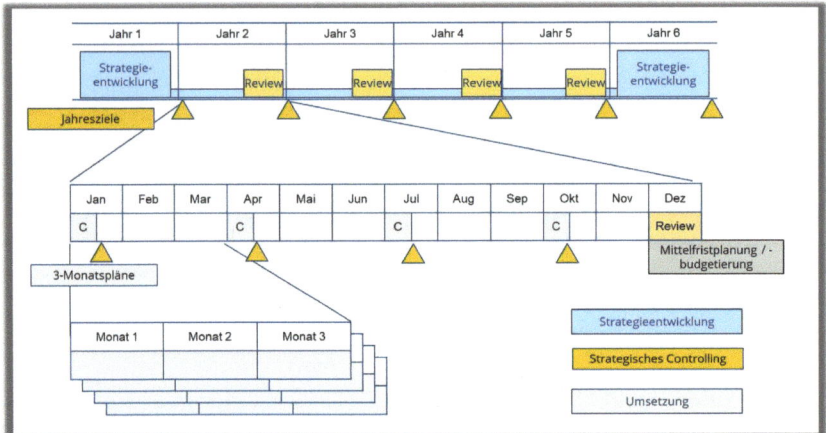

Abbildung 1: Der strategische Planungsprozess

Der Strategieprozess ist ein Geschäftsprozess, der fest in der Prozesslandkarte verankert ist. Er umfasst drei Unterprozesse:

- den Prozess einer Strategieentwicklung (in Blau)
- den Prozess des strategischen Controllings (in Gelb)
- den Prozess der Umsetzung (in Grau)

Die **Strategieentwicklung** selbst ist somit nur ein Bestandteil des gesamten Strategieprozesses. Wenn der Rest nicht eingerichtet ist, dann verkümmert jede noch so gut erarbeitete Strategie.

DIE STRATEGIEENTWICKLUNG

Die Strategieentwicklung gehen wir hier in Band 1 Schritt für Schritt anhand der STRATEGY.APP® durch.

Die Strategie wird einmal meist in Form eines mehr oder weniger grossen Projekts erarbeitet. Danach werden nach Bedarf Anpassungen vorgenommen, entweder periodisch in Form von strategischen Reviews, in Form von weiteren strategischen Initiativen, als Reaktion aus dem strategischen Controlling, oder aufgrund von Hinweisen und Anregungen aus der Linie.

Ein Strategieentwicklungsprojekt wird in der Regel in Phasen eingeteilt:

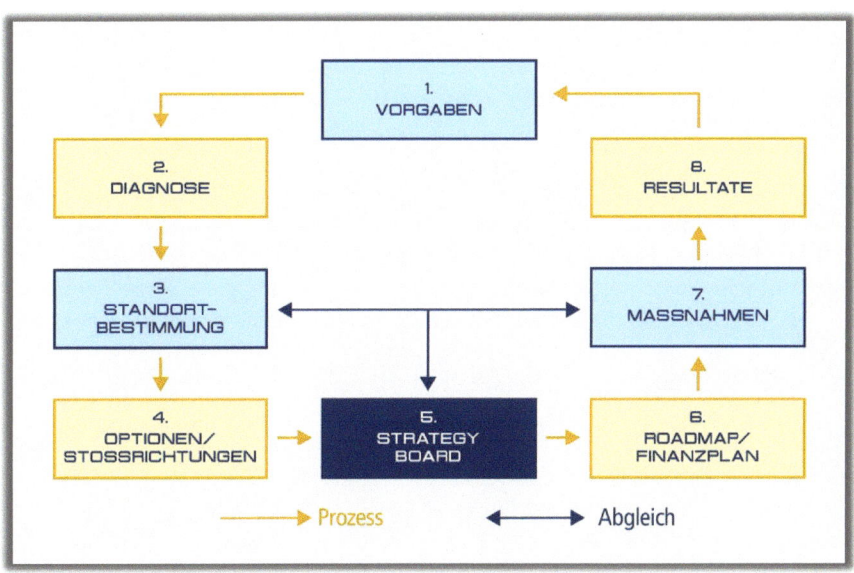

Abbildung 2: Der generische Strategieprozess

Die Unterteilung Vorgaben – Analyse – Gestaltung – Planung – Umsetzung hat sich praktisch als allgemeingültiges Vorgehen etabliert. Dabei wird jedoch viele Male ein wichtiger Teil ausgeblendet und übergangen: der Übergang von einer Phase in die nächste. In diesen Transitionsphasen werden die Entscheide gefällt und die Weichen für die folgende Phase gestellt. Sie verlangen nicht nur inhaltlich Beachtung, sie beanspruchen auch Zeit. Darum legen wir zwischen die einzelnen Phasen jeweils einen Zwischenschritt und reservieren dafür die notwendige Zeitspanne, um die vorhergehende Phase abzuschliessen und die Entscheidungsvorlagen für den Lenkungsausschuss (LA) zu erstellen. Der LA wird diese begutachten, über die Anträge entscheiden und die Freigabe für die nächste Phase beschliessen.

Einen weiteren Schritt widmen wir gleich zu Beginn der Vorbereitung des Projekts mit dem Ziel, dieses organisatorisch aufzusetzen und die Leitlinien für die Strategieentwicklung vorzugeben. Diese Vorbereitung nennen wir Setup. Sie kann aber weitere Elemente wie die Eignerstrategie beinhalten, grobe strategische Ziele, das Leitbild oder aber ganz einfach eine Liste mit Vorgaben, die vom Auftraggeber vorgegeben werden.

Das hier beschriebene Vorgehen ist als idealtypischer Prozess gedacht. Dazu gibt es Varianten, und je nach Anforderungen eines Falls ist es angebracht, den einen oder anderen Schritt zu verkürzen oder ganz wegzulassen. Am Schluss dieses Bandes beschreiben wir einige Vorgehensvarianten, die wir praktisch umgesetzt haben und anhand von Vorgehensdiagrammen veranschaulichen.

Die 4 Phasen sowie die Vorbereitung des Projekts und die Zwischenstufen, insgesamt 8 Schritte, werden in den folgenden Kapiteln detailliert dargestellt.

Der Strategieentwicklungsprozess kann auch auf strategische Fragestellungen angewendet werden, die nicht die gesamte Unternehmensstrategie betreffen, z. B. für die Ausarbeitung einer Landesstrategie, die Einführung eines neuen Produktes oder den Relaunch einer Produktreihe. Wir nennen diese Fragestellungen «Strategische Initiativen». Ein Unternehmen arbeitet meistens zeitgleich an mehreren solchen Initiativen. Im Idealfall wird aber versucht, diese in einem zeitlich getakteten Ablauf zur Entscheidung zu bringen. Die Entscheidungsvorlagen werden einmal oder maximal zweimal pro Jahr vorgelegt. Im Rahmen der strategischen Planung findet ein- oder zweimal pro Jahr ein strategisches Review-Meeting statt. Nach Verabschiedung der Vorlage kann das Ergebnis dieser strategischen Initiativen in die Mittelfristplanung eingebunden werden.

Download Whitepaper Strategieprozess:
https://www.strategy.app/whitepaper_strategieprozess

DAS STRATEGISCHE CONTROLLING

Der Controllingprozess wird in Band 3 dieser Reihe eingehend beschrieben.

Das **strategische Controlling** ist ein weiteres Hauptelement in der strategischen Arbeit. Es steuert und überprüft die Umsetzung der Strategie und gibt Hinweise für eine Anpassung und/oder Überarbeitung der Strategie.

Als Instrumente zur kontrollierten und gesteuerten Umsetzung von Strategien dient das Durchführen von periodischen Strategie-Review-Workshops oder Review-Meetings. In der Regel finden diese einmal pro Jahr statt, zeitlich der Budgetierungsphase vorgelagert.

Damit steht das strategische Controlling als Denkweise und Methode im Fokus der Unternehmenssteuerung. Der Job ist nicht getan, wenn nach kreativ spannenden Workshops die Ideen und Strategien in wohlformulierte Optionen und Stossrichtungen gegossen worden sind. Denn jetzt fängt die Arbeit erst richtig an, nämlich die korrekte Planung der Umsetzung und die konsequente Messung des Fortschritts. Erst damit kann die Erreichung der Ziele bestmöglich sichergestellt werden.

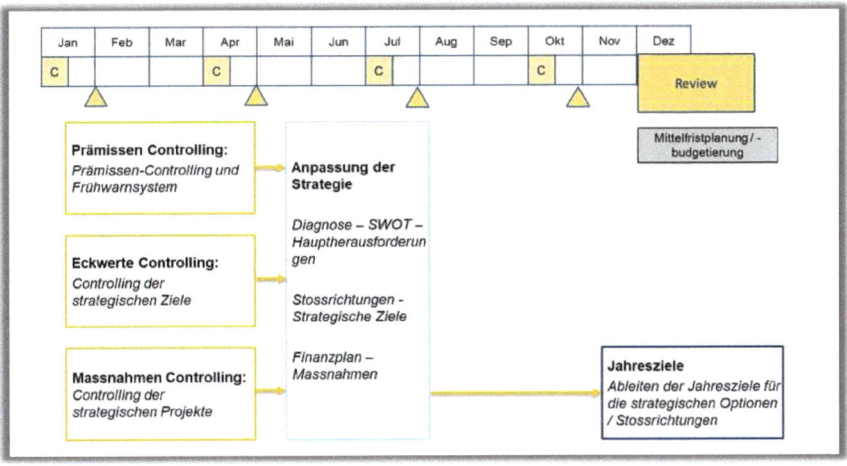

Abbildung 3: Strategisches Controlling mit den Elementen Prämissen, Eckwerte und Massnahmen

Das strategische Controlling besteht aus drei Elementen:

- Das **Prämissencontrolling** mit dem **Frühwarnsystem** überprüft, ob wir die richtigen Annahmen getroffen haben, inwieweit sich die Realität im Zeitverlauf so verhält wie angenommen und wo Abweichungen auftreten.
- Mit dem **Eckwertecontrolling** werden die quantitativen (finanziellen) Ziele wie Umsatzerlöse, Deckungsbeiträge, Ergebnisse und die strategischen Ziele wie bspw. Marktanteile, Innovationsrate, Internationalisierung überprüft.
- Das **Massnahmencontrolling** überprüft den Fortschritt und die Umsetzung der strategischen Massnahmen wie z.B. den Eintritt in einen neuen Markt, eine neue Produktentwicklung oder die Digitalisierung.

Prämissencontrolling

In jeder Strategiedefinition werden Annahmen getroffen, auf welchen die Entwicklung der Strategie beruhen. Eine solche sogenannte Prämisse kann der technologische Fortschritt wie zum Beispiel die voranschreitende Digitalisierung sein. Weitere sind z. B. ein gewisses Kundenverhalten im Sinne einer erhöhten Servicenachfrage, die Konjunkturentwicklung oder bestimmte Erwartungen bezüglich des Marktwachstums.

Die Aufgaben des **Prämissencontrollings** sind:

- Das frühzeitige Erkennen von externen Entwicklungen, die von den Annahmen bzw. Prämissen abweichen
- Die Beurteilung der Folgen für die Strategieumsetzung sowohl qualitativ (z.B. führt ein. Paradigmenwechsel im Kundenverhalten zu Nachfrageverschiebungen auf Distributionskanälen) als auch quantitativ (Einfluss auf Zielumsätze, Kostenpositionen und Marktanteile)
- Das Einleiten von Korrekturmassnahmen zur Anpassung der Strategie an neue Rahmenbedingungen

Abbildung 4: Elemente des Prämissencontrollings

> Download Whitepaper Prämissencontrolling:
> https://www.strategy.app/whitepaper_praemissencontrolling

Eckwertecontrolling

Das Eckwertecontrolling ist ein System für das Überprüfen aller definierten und quantifizierten Strategieziele. Es sind dies die Ziele oder Zielsetzungen, die in den Vorgaben für die Unternehmens- und die Geschäftsfeldstrategien definiert wurden. Aber auch die Ziele der einzelnen Stossrichtungen können mit einbezogen werden.

Identifizierung der Strategieziele

- Strategische Ziele aus den Vorgaben (BSC)
    - Marktposition und Marktanteil
    - Relative Qualität und Kundenbindung
    - Kostenposition und Produktivität
    - Finanzziele (Umsatz, Profitabilität)

Controlling der Zielrealisierung

- Periodisches Überprüfen der Zielerreichung
- Verknüpfen der Ergebnisse mit den strategischen Massnahmen und den Prämissen
- Vorschläge für Korrekturmassnahmen
- Berichten über den Fortschritt der Zielrealisierung

Massnahmencontrolling

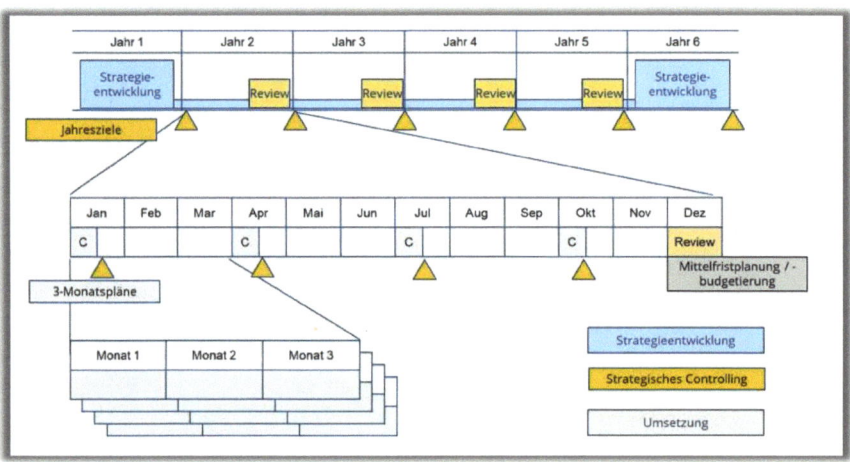

Abbildung 5: Massnahmen und Umsetzung im Rahmen des strategischen Controllings

> Massnahmen heisst nicht:
> „Wer macht was bis wann" (und hört dann auf, zu machen), sondern
> „WER HAT WAS BIS WANN ERLEDIGT"

Die Aufgabe des Massnahmencontrollings ist die Überprüfung von konkreten Projekten oder von «offenen» Aufgaben, die an die Linie und verantwortliche Teams übergeben wurden. Für diese Aufgabe setzen wir mehr und mehr auf die OKR-Methode (OKR steht für «Objectives and Key Results», mehr dazu in Band 3).

Download Whitepaper Massnahmencontrolling:
https://www.strategy.app/whitepaper_massnahmen

DER PROZESS DER UMSETZUNG

Den Prozess der Umsetzung wird in Band 3 dieser Reihe eingehend beschrieben.

Der **Prozess der Umsetzung** ist eng verbunden mit den anderen beiden Prozessen der Strategie.

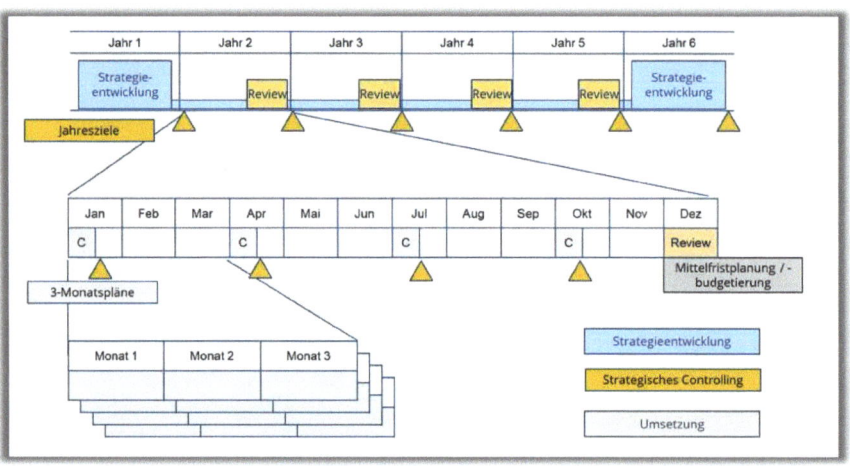

Abbildung 6: Prozess der Umsetzung

Rund 70% der Strategien werden nicht umgesetzt; sie enden in Ablagen und Archiven oder fristen ihr Dasein in den Tiefen eines Datenfriedhofs. Woran liegt das? Unsere Erfahrung zeigt, dass zwischen einer guten Strategie und deren Umsetzung noch ein ganzes Stück Arbeit liegt. Während in der Diagnosephase attraktive Diagramme mit Auswertungen erstellt wurden und in der Gestaltungsphase die Kreativität freien Lauf hatte, muss nun, gemäss Rumelt, der dritte des Kernels aufgesetzt werden, die kohärenten Massnahmen – und das kann ein ganz schönes Stück Arbeit sein.

Massnahmenliste als Führungsinstrument

Die Massnahmenliste ist das Herzstück der Strategieumsetzung. Das Instrument ist erst wirksam, wenn alle hier aufgeführten Massnahmen in der operativen Linie und in der Berichterstattung verankert sind. Wenn die Massnahmen, einmal in der Organisation verteilt und eingebettet sind, ist die

Massnahmenliste ein probates Instrument, um die Umsetzung zu begleiten und im gegebenen Fall auch zu steuern.

Die Geschäftsführung und der Verwaltungsrat sind daran interessiert, ob und wann die Ziele erreicht werden, ob wir bei der Umsetzung auf dem Weg sind und ob es Hindernisse oder Probleme gibt. Bei Problemen erwartet die Geschäftsleitung einen Lösungsvorschlag in Form einer Entscheidungsvorlage:

- Werden mehr Ressourcen benötigt? Muss der Zeitplan angepasst werden? Müssen die Ziele angepasst werden?

Und was ist mit OKR?

OKR steht für «Objective Key Results» und ist das Thema der Stunde, wenn es um die Umsetzung von Strategien geht. Ich bin immer mehr überzeugt von den Möglichkeiten und der Flexibilität dieser Methode.

> In Band 03, Organisation und Umsetzung, wird das Thema ausführlich behandelt.

TEIL 2 – VORGEHEN

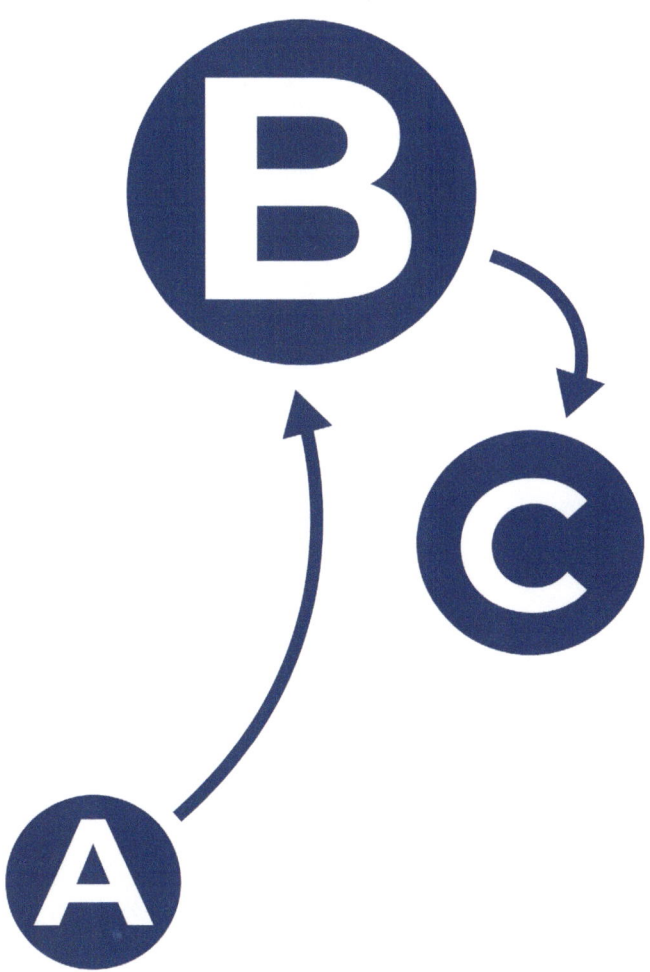

ANFANGEN MIT DEM STRATEGYBOARD

Bevor Sie sich mit Ihrem Mitarbeitern oder einem externen Beraterteam in das Abenteuer einer neuen Strategieentwicklung stürzen, empfehle ich Ihnen, kurz innezuhalten und zu überprüfen, was schon da ist. Wenn Sie alle Teile zusammensetzen, ist in Summe vielleicht schon mehr da, als es den Anschein macht und das Vorhandene kann ergänzt werden.

Auf der Basis von Rumelt's Buch „Good Strategy – Bad Strategy" haben wir dazu ein pragmatisches und einfaches Vorgehen entwickelt. Damit können Sie auch später Ihre Unternehmensstrategie jederzeit überprüfen und anpassen. Die Methode haben wir Kunden praktisch eingesetzt und erprobt. Gerade in der heutigen Zeit sind Sie gefordert, Ihr Unternehmen in kurzer Zeit auf die Zukunft auszurichten, diese Strategie klar und verständlich darzustellen, die Aktivitäten der Mitarbeiter zu fokussieren und dabei jederzeit agil zu bleiben.

Mit der Unternehmensstrategie beantworten wir die folgenden 3 Fragen:

Frage 1 **Diagnose**: Was passiert um uns herum, was passiert in der Firma?

- Mit der Antwort: Welches sind die strategischen Herausforderungen und die strategischen Fragen, die angegangen werden müssen.

Frage 2 **Gestaltung**: Was tun wir, um diesen Hauptherausforderungen zu begegnen und die Ziele zu erreichen?

- Als Antwort stellen wir die strategischen Stossrichtungen zusammen, die wir verfolgen.

Frage 3 **Massnahmen:** Wie tun wir das, wie setzen wir unsere Stossrichtungen in die Praxis um?

- Als Antwort formulieren wir konkrete Massnahmen und Projekte und vor allem die Definition des **ersten Schrittes**. Denn die Frage, wann wir mit der Umsetzung anfangen, hat nur eine Antwort: **JETZT**

Visualisierung

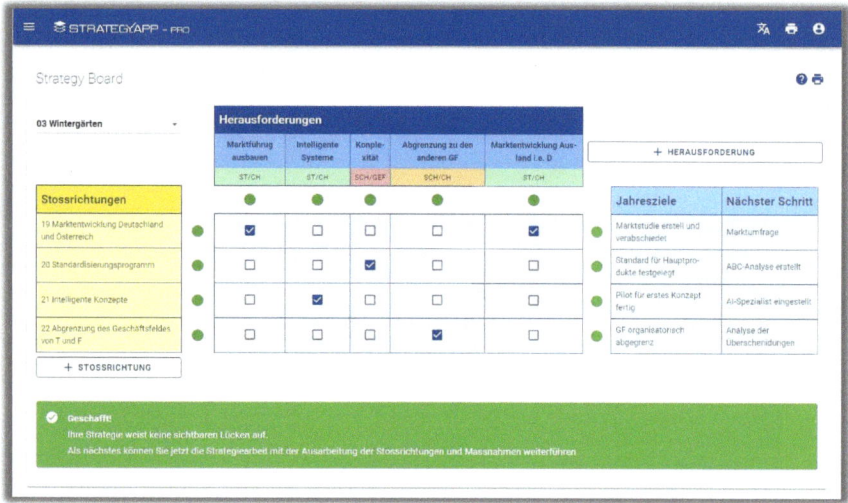

Abbildung 7: Visualisierung der Strategie auf einer Seite mit StrategyBoard

Mit dem StrategyBoard werden diese Ergebnisse auf einer Seite visualisiert:

- Dem Ergebnis der **Diagnose**: die Hauptherausforderungen
- Dem Ergebnis der **Gestaltung**: die Stossrichtungen
- Die **Massnahmen** mit den Jahreszielen und dem ersten Schritt für die Umsetzung
- Dem **Abgleich** zur Sicherstellung der Konsistenz und Robustheit Ihrer Strategie

Die Herausforderungen oder die strategischen Fragestellungen

Die Herausforderungen sind Gegebenheiten, die durch die Strategie gemeistert werden müssen. Sie können aus einer SWOT abgeleitet oder aus anderen Analysen zusammengestellt werden. Dafür gibt es viele Instrumente wie z.B. Trendanalyse, Kundennutzenanalyse, Wettbewerbsanalyse, Marktanalyse, Finanzanalyse, Unternehmensanalyse ... es gibt für keinen Teil der Strategie so viele Tools wir für die Analyse. Diese wurde zu einem richtigen Tummelfeld für die Berater. Die Ergebnisse fliessen dann in eine SWOT und aus dieser SWOT leiten wir dann die Hauptherausforderungen ab, die hier dargestellt sind. Wir empfehlen hier, mit der SWOT anzufangen und erst danach zu entscheiden, ob weitere Analysen überhaupt notwendig sind.

Stossrichtungen

Die Stossrichtungen stellen die «grobe» strategische Richtung für das Unternehmen dar. Die Vorgaben, wohin wir gehen wollen – ohne diese im Detail zu beschreiben.

Stossrichtungen werden ergänzt mit Finanzzielen, strategischen Zielen und Businessplänen. Die Erarbeitung dieser Stossrichtungen kann in Workshops geschehen oder aus bestehenden Unterlagen hergeleitet werden.

Umsetzung

Hier sehen wir immer mehr davon ab, gross ausformulierte Massnahmenpläne zu erarbeiten, Projekte über Jahre mit PMO (Projektmanagement-Office) und jährlichen Meilensteinen sind von gestern. Die heute geforderte Agilität erlaubt es nicht mehr, nur grosse Pläne zu machen und dann abzuwarten. Es geht darum, den ersten Schritt festzulegen, kurzfristige Massnahmen auf die Strategie auszurichten, gleichzeitig aber jederzeit bereit zu sein, die Richtung zu ändern. Neudeutsch wird das «Agilität» genannt und hier wenden wir das Konzept der OKR an (Objective-Key-Results). Es besteht für jede Stossrichtung aus einem Jahresziel und den daraus abgeleiteten operativen Aktionen für Teams und Mitarbeiter.

The sharp end of the strategy – die scharfe Klinge der Strategie

Studien von Gallup zeigen, dass zwischen 30 und 50% der Tätigkeiten der Mitarbeiter nicht auf die Ziele des Unternehmens ausgerichtet sind. Zählt man hier die Stunden zusammen, kommt man auf unheimliche Zahlen. Betrachtet man den Fall einer Führungskraft, die ihre mangelnde Effektivität auf die Mitarbeiter ausdehnt, dann multipliziert sich der Effekt.

Gerade in heutigen Zeiten ist es unabdingbar, dass der Fokus der Tätigkeiten auf die Strategie ausgerichtet ist. Dies erreichen wir, indem wir nicht langatmige Massnahmen und Projekte definieren, sondern wie bei der Bergwanderung, den Blick erstmal auf den nächsten Hügel lenken und diesen Teil in Angriff nehmen. Mit OKR gewinnt ein Konzept mehr und mehr an Bedeutung, mit dem Firmen in den letzten Jahren erfolgreich und gross geworden sind. Dieses Konzept verbinden wir mit dem StrategyBoard und damit sind Sie gerüstet.

Abgleich und Konsistenz

Mit dem Zentrum der Darstellung überprüfen wir jetzt die Konsistenz und die Robustheit der Strategie, und zwar in alle drei Richtungen. Der Schnittpunkt zwischen den Herausforderungen aus der Diagnose und den Stossrichtungen, zeigt, ob unsere Strategie konsistent ist oder ob Lücken bestehen. Wenn diese zu gross sind, ist es sinnlos, direkt in die Umsetzung zu gehen. Diese Lücken müssen bewertet, gewichtet und nach Möglichkeit geschlossen werden.

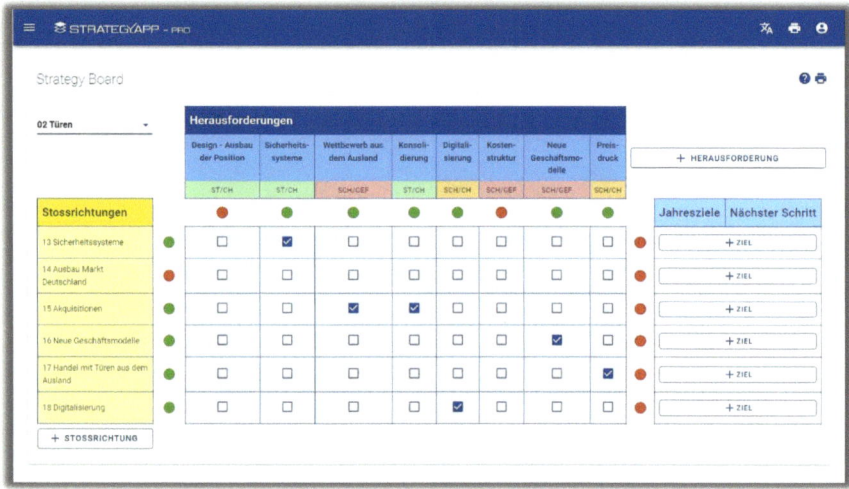

Abbildung 8: Dieses Beispiel zeigt, dass zwei Herausforderungen von den Stossrichtungen nicht abgedeckt werden

Der Schnittpunkt zwischen den Herausforderungen und den Aktivitäten zeigt auf, ob die Aktivitäten der Mitarbeiter auf die «Opportunities» und die «Hurdles» ausgerichtet sind. Ein mit «x» ausgefülltes Feld zeigt, welche Chancen ich mit der Arbeit an einer bestimmten Stossrichtung wahrnehme oder welches Hindernis ich damit überwinde. Dies gibt der Arbeit auch Sinn und motiviert das ganze Team.

Vorgehen

Mit StrategyBoard bekommen Sie eine systematische Methode in die Hand, die Ihnen schnelle Ergebnisse liefert. Sie erstellen den «Kernel» der Strategie und bauen diesen je nach Bedarf weiter aus. Das StrategyBoard kann in verschiedenen Situationen eingesetzt werden:

- Bei der Überprüfung Ihrer aktuellen Strategie
- Bei der Erarbeitung Ihrer Strategie
- Bei der Zusammenfassung und Visualisierung Ihrer bestehenden Strategie

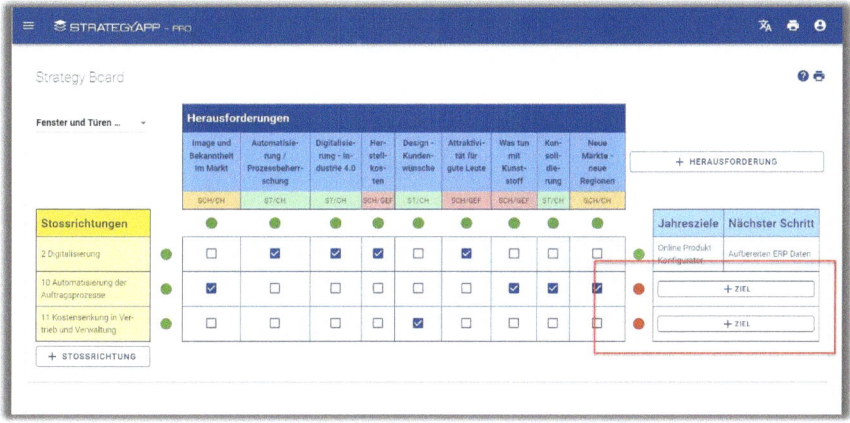

Abbildung 9: Die ersten Schritte sind nicht klar ausformuliert

Im besten Fall setzt sich der CEO mit der Geschäftsführung (GF) zusammen und stellt die Vorlage in einem Tages-Workshop zusammen. Damit steht die Basis, um die Tätigkeiten der Mitarbeiter sofort danach auszurichten. Diese Basis kann jederzeit ergänzt oder angepasst werden.

Im Normalfall wird man sich zwei bis drei Mal systematisch damit auseinandersetzen und das Ergebnis danach kommunizieren. Dabei wir auch sachlogisch die Reihenfolge Diagnose – Stossrichtungen – Abgleich – Massnahmen eingehalten.

Download Whitepaper StrategyBoard: https://www.strategy.app/whitepaper_strategyboard

Das StrategyBoard stellen wir Ihnen als Teil des STRATEGY.APP® kostenlos online zur Verfügung:

Anmelden unter STRATEGY.APP®: https://www.strategy.app/app_registrieren

SETUP

Mit dem StrategyBoard haben Sie einen ersten Überblick, wir es um die Strategie steht. Sie können jetzt entscheiden, ob Sie ein Strategieprojekt aufsetzen wollen oder ob Sie das Vorhandene nach und nach ergänzen. Beide Wege sind möglich und in jedem Fall können Sie auf dem bestehenden aufbauen und fangen nicht jedes Mal wieder vor vorne an.

Als Vorbereitung für ein Strategieprojekt hat es sich bewährt, einen Projekt-Setup durchzuführen. Wie jedes andere Projekt findet auch eine Strategieentwicklung im Umfeld von vielen anderen Projekten und Tätigkeiten statt. Es hilft, diese Zusammenhänge und Abhängigkeiten vor dem Beginn des Projektes aufzuzeigen und zu klären.

Um das Projekt gründlich vorzubereiten und alle Voraussetzungen zu schaffen, die für den Erfolg entscheidend sind, haben wir die Aufgaben des Projektsetups in einer ausführlichen Liste zusammengefasst, die wir bei einem grossen Industriekonzern angewandt haben. Für KMUs werden nicht alle Punkte notwendig sein. Nutzen Sie diese Liste als eine Art Gedankenstütze und wählen Sie nur die Punkte und Themen aus, die für Ihr Unternehmen relevant sind. Alles andere können sie weglassen.

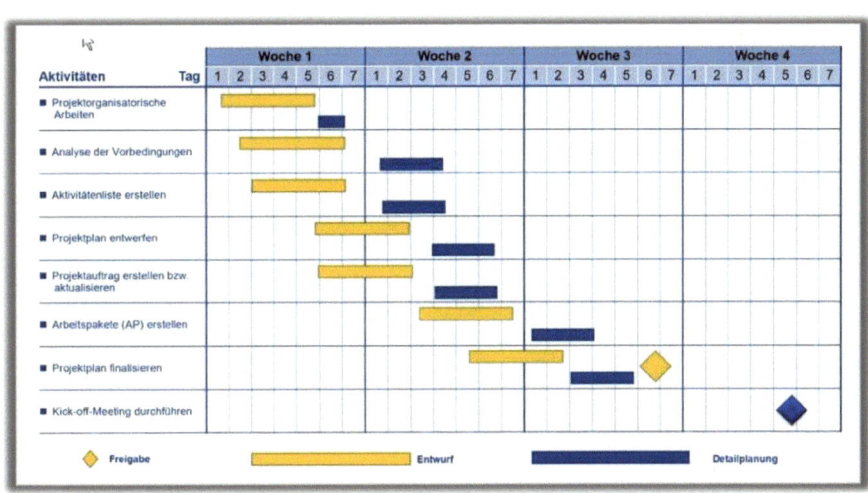

Abbildung 10: Beispielhafter Ablauf eines Projektsetups

Schritt 1   Projektorganisation:

- Lenkungsausschuss (LA)
    - Mitglieder, Zusammensetzung, Interessenvertretung, eventuell jemand von aussen dazu nehmen, bei Beratern einen Vertreter – Chef des externen Projektleiters
- Projektleiter
    - Interner Projektleiter, externer Projektleiter, Rollen der Projektleiter – wer hat den Lead, Coaching
- Beirat / Experten
    - Wer kann Experteninput liefern für Themen wie Markt, Technik, Einkauf, Produktion, Controlling
- Projektteam
    - Heterogenes Team aus Vertretern der Organisation – Rollen der Projektmitarbeiter, Aufwand, Abwesenheit, Berichte an den Projektleiter, an den Linienvorgesetzten
- Teilprojekte
    - Aufteilen des Projektes in Teilprojekte und Festlegen von Teilprojekt-Leitern
- Rollen
    - Verteilen der Rollen auf die Mitarbeiter und Bestimmen von Stellvertretern
- Kommunikation
    - Information aller beteiligten Rollenträger über die Einzelheiten
    - Information der Linienorganisation
- Kalender
    - Verfügbarkeiten und Absenzen aller Beteiligten, Ferienpläne
    - Kalender und Jahresplan des Unternehmens für Berichte und Planungsphasen, Budgetierung, Mittelfristplanung, Generalversammlung, Pressetermine, Investorentermine

Schritt 2   Vorbereitung des Arbeitsumfeldes

- Infrastruktur
    - Raumplanung
    - Videokonferenzen, Online-Meetings
    - Anreisen
- Sachmittel
    - Computer, IT-Struktur, Internetzugang
    - Arbeitsunterlagen
    - Beamer, Flipcharts, Pinnwände
- Kommunikation
    - Adresslisten – Kontaktdaten – Telefon – E-Mails
    - Sitzungspläne

- o Information über Internet – Intranet
- Dokumentation
  - o Zugang zu Daten
  - o Ablage der Unterlagen
  - o Datensicherheit
- Sicherheit
  - o Datenschutz
  - o Geheimhaltungsvereinbarungen

Schritt 3   Analyse der Vorbedingungen

- Parallellaufende Projekte
  - o Welche Projekte laufen im Unternehmen?
  - o Welche davon haben strategische Bedeutung?
  - o Mit welchen Projekten muss man sich abstimmen?
  - o Welche müssen gestoppt werden?
- Abhängigkeiten, Termine, Zusammenarbeit
  - o Wie sehen die Unternehmenstermine aus?
  - o Vorstandssitzungen / Aufsichtsratssitzungen
  - o Jahresabschluss
  - o Berichtswesen
- Informationen ans Umfeld
  - o Alle involvierten und interessierten Stellen über den Projektstart informieren
- Bedarf an Transitzeiten
  - o Phasenübergänge analysieren – Setup für Folgephasen planen

Schritt 4   Aktivitätenliste erstellen

- Aktivitätenliste komplettieren
  - o Massnahmenplan führen
  - o Integration weiterer Aktivitäten, inklusive Terminierung
- Verfeinerung der Aktivitätenliste
  - o Aktion – Verantwortung – involvierte Rollen – Termin – Ergebnis
  - o Beauftragung einzelner Mitarbeiter

Schritt 5   Projektplan entwerfen

- Einplanen des Projektes
  - o Aufzeichnen der Vorgehensstrukturen – Entwurf eines Soll-Plans
  - o Vorgabe von Meilensteinterminen
  - o Abstimmen des Ressourceneinsatzes

- Feinplanung «bottom-up» (Einarbeiten von Teilprojekten)
- Freigabe des Projektplans
- Abstimmung durchführen
  - Prozesse mit «Prozessownern» aus der Linie abstimmen
  - Abstimmung mit parallellaufenden Aktivitäten / Projekten

Schritt 6   Projektauftrag erstellen bzw. aktualisieren

- Projektauftrag erstellen
  - Klare Formulierung des Projektzieles
  - Genaue und vollständige Beschreibung der Projektgrenzen
  - Bestimmung und Beschreibung der Lieferprodukte
  - Identifikation der Zulieferprodukte
- Freigabe einleiten und durchführen
  - Besprechung des Entwurfs mit Auftraggeber und Projektbeteiligten
  - Freigabe mittels Unterschrift bekräftigen
  - Freigabe an alle Betroffenen und Interessenten kommunizieren

Schritt 7   Arbeitspakete erstellen

- Arbeitspakete (AP) beschreiben
  - AP in sich thematisch homogen, wenig Schnittstellen
  - AP müssen Bezug auf Ziel / Phasenziel haben
  - AP jeweils nur für die nächste Phase identifizieren und einplanen
- Einzelne Schritte
  - Arbeitspakete-Verantwortliche identifizieren
  - Besprechung / Kommunikation der Aufgaben und Ziele
  - Feinplanung der AP durch die AP-Verantwortlichen selbst
  - Besprechung der Ergebnisse der Feinplanung und erstes Controlling durch Projektleitung

Schritt 8   Projektplan finalisieren

- Projektplan fertigstellen
  - Abbilden der einzelnen Arbeitspakete
  - Fertigausbau der Projektstruktur, Einplanen von Ressourcen, Abhängigkeiten, Terminen
  - Plan optimieren
- Eventuell Projektplan genehmigen lassen
  - Genehmigung durch Auftraggeber
  - Genehmigung durch Lenkungsausschuss
- Projekt in den Status «produktiv» erheben

- o Soll-Plan als Masterplan einfrieren

Schritt 9   Kick-off Meeting durchführen

- Kick-off Meeting vorbereiten
  - o Teilnehmerkreis festlegen
  - o Tagesordnung erstellen
  - o Einladen
- Kick-off Meeting durchführen und protokollieren
  - o Orientierung über den Projektauftrag und Bekräftigung der Freigabe
  - o Detaillierte Darlegung des Projektplans
  - o Orientierung über begleitende Aktivitäten
  - o Offizieller Anstoss des Projektes / der Folgephase
  - o Sitzungsprotokoll an alle Teilnehmer und an weitere Beteiligte

Download Whitepaper Projektsetup: https://www.strategy.app/white-paper_setup

STRATEGIEPROJEKT SCHRITT FÜR SCHRITT

Wir gehen jetzt ein idealtypisches Strategieprojekt Schritt für Schritt anhand des STRATEGY.APP® durch. Auch hier sind Abkürzungen erlaubt. Wir stellen dann im nächsten Kapitel mehrere Vorgehensweisen dar, vom detaillierten Projekt bis zur Kurzstrategie. Wenn die Vorgehensweise auch unterschiedlich erscheint, so folgen doch alle der gleichen Logik. Es ist wie beim Bergsteigen – der eine benötigt den langen Weg, der andere macht es mit der «Direttissima».

Abbildung 11: Strategieentwicklung mit der STRATEGY.APP

STRATEGY.APP ist eine webbasierte Strategie-Applikation für KMU. Das Programm führt Sie Schritt für Schritt durch den Strategieprozess. Ausgehend vom Setup, gestalten Sie Ihre Unternehmens-Strategie systematisch von der Diagnose der Ausgangslage über die Bewertung der Stossrichtungen und die Roadmap bis zur Formulierung der Massnahmen.

Erfahren Sie mehr dazu auf unserer Website http://www.strategy.app.

1. VORGABEN UND ZIELE

Abbildung 12: Vorgaben von finanziellen Zielen

Die Entwicklung einer Unternehmensstrategie findet in der Regel nicht auf der grünen Wiese, sondern in einem gegebenen Rahmen statt, der berücksichtigt werden muss. Wir lassen diese Vorgaben meist in Form von Leitlinien zusammenfassen und geben diese als Anleitung an das Projektteam weiter. Diese Leitlinien können stringent festgelegt oder aber mindestens zum Teil auch als grobe Richtlinien oder Stossrichtungen verstanden werden.

Die Leitlinien lassen sich ableiten aus den Elementen Eignerstrategie oder Shareholder-Strategie, aus dem Leitbild des Unternehmens sowie aus aktuellen Situationen, die die Strategiearbeit beeinflussen. Dies kann z. B. eine offensichtliche Kosten- oder Produktionsproblematik sein, ohne deren Lösung das Unternehmen strategisch nicht mehr wettbewerbsfähig ist.

Die Vorgaben können Aussagen zu folgenden Punkten und Themen enthalten:

- Strategische Ziele
- Produkte und Dienstleistungen
- Märkte und Regionen
- Wachstum
- Konkurrenzverhalten
- Innovationsstrategie
- Produktivität
- Kernkompetenzen

- Allgemeine strategische Ausrichtung

Instrumente

- Leitbild – Mission – Vision – Werte
- Leitplanken
- Finanzziele
- Strategische Ziele – KPIs – Balanced Score Card
- Geschäftsfeldgliederung

> Alle hier und im den folgenden Schritten aufgeführten Instrumente werden in Band 2 im Einzelnen erklärt. Zu den meisten gibt es ein Whitepaper mit Vorlage zum Downloaden.

2. DIAGNOSE

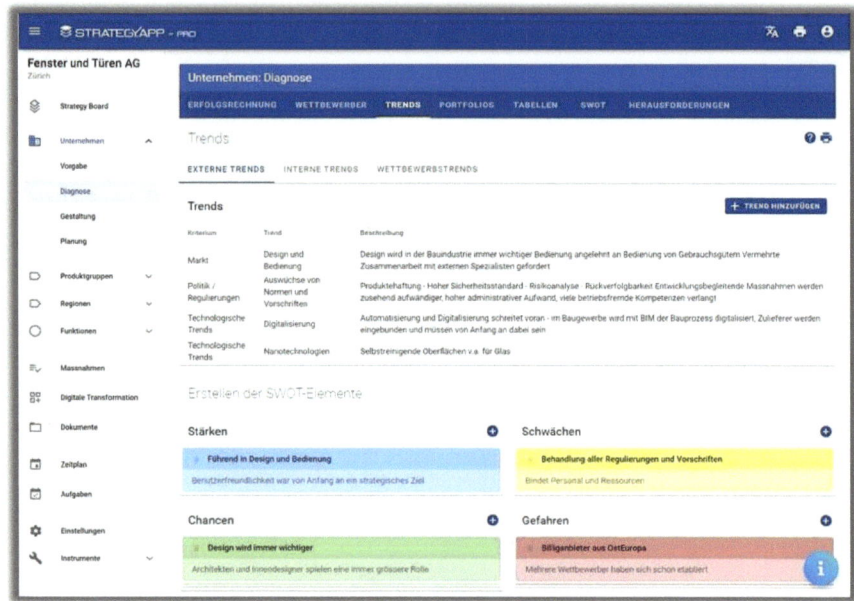

Abbildung 13: Ableiten von SWOT-Elementen aus der Trend-Analyse

Die Diagnose der Ausgangslage beginnt mit der Darstellung der bisherigen Entwicklung auf Ebene des Gesamtunternehmens. Anschliessend folgen die systematischen Diagnosen von Umfeld, Unternehmen und Konkurrenz. Dazu empfiehlt es sich, als Arbeitsgrundlage vorab eine Segmentierung des Unternehmens in strategische Geschäftsfelder festzulegen, da viele strategische Grössen auf der Ebene der Geschäftsfelder darzustellen sind. Es liegt in der Natur der Sache, dass sich die Diagnosen teilweise überschneiden.

In jedem Diagnoseschritt werden Instrumente eingesetzt. Deren effiziente und fachgerechte Anwendung bildet das Fundament jeder seriösen Strategiearbeit.

Die Darstellung der bisherigen Entwicklung des Unternehmens umfasst in der Regel zeitlich die letzten drei bis fünf Jahre und inhaltlich die Entwicklung der strategischen und finanziellen Kennzahlen über diese Zeit:

Strategische Kennzahlen:

- Marktgrösse
- Marktposition / Marktanteil
- Kostenposition
- Kundenstruktur
- Produktstruktur
- Kundennutzen
- Mitarbeiter-Qualifikation
- Innovationsfähigkeit
- Marktkapitalisierung

Finanzielle Kennzahlen

- Umsatz
- Cashflow
- Auftragseingang
- ROI (Return on Investment)
- ROE (Return on Equity)
- ROCE (Return on Capital Employed)
- G & V (Gewinn und Verlustrechnung)
- Bilanz
- Mittelflussrechnung

Soweit möglich werden diese Kennzahlen den bestehenden Geschäftseinheiten zugeordnet, so dass sich daraus das Geschäftsfeldportfolio erstellen lässt.

Die Ergebnisse werden mit den strategischen Gesetzmässigkeiten verglichen, um daraus die SWOT und die strategischen Hauptherausforderungen abzuleiten.

Ergebnisse

Die Hauptergebnisse der strategischen Ausrichtung auf einen Blick:

- Die drei Themenkreise Unternehmen, Umwelt und Konkurrenz sind analysiert worden
- Die Bestandsaufnahme der Ausgangslage ist erstellt – der Diagnosebedarf ist abgeschlossen
- Eine umfassende SWOT ist erstellt
- Die Hauptherausforderungen sind aus der SWOT abgeleitet und verabschiedet

- Sofortmassnahmen sind aufgenommen und für die Umsetzung vorbereitet

Instrumente

Diagnoseinstrumente werden sowohl auf Unternehmensebene als auch auf Geschäftsfeldebene eingesetzt. Jedes Instrument beschreibt die Ausgangslage aus einer anderen Sichtweise und gibt Hinweise auf Handlungsbedarf. Ihre Anwendung erfolgt nicht einzeln oder isoliert, sondern in Ergänzung für die Beschreibung der Gesamtlage.

Welche Instrumente angewendet werden, hängt vom Informationsbedarf zu den einzelnen Themen ab und ist von Fall zu Fall zu entscheiden. Es sollten jedoch immer mindestens die folgenden Instrumente eingesetzt werden:

- Diagnosethemen Unternehmen, Umfeld und Konkurrenz
- Finanz- und Kostenstrukturanalyse
- ABC-Analyse
- Value Proposition / Kundennutzen

Diagnosebedarf

Der Diagnosebedarf am Anfang eines Strategieprojektes kann sehr unterschiedlich sein. Meist sind viele Daten vorhanden, aber nicht in der richtigen Form, um diese in die Arbeit einfliessen zu lassen. Daher geht es zuerst einmal darum, den genauen Diagnosebedarf zu ermitteln. Dazu bedienen wir uns einer Stichwortliste, die wir untern unter dem Namen Diagnosethemen aufführen. Diese Liste wird mit den vorhandenen Unterlagen abgeglichen. Ausgehend von den Informationslücken werden die Aufgaben zusammengestellt, die an die Teammitglieder verteilt und in der strategischen Diagnose bearbeitet werden.

Regeln und Arbeitsprinzipien

Für eine effiziente Diagnose sind einige Grundsätze und Arbeitsprinzipien bezüglich Arbeitsaufwandes und Vorgehen zu beachten:

- «Ungefähr richtig ist besser als genau falsch»

- - Nicht mehr weiter forschen, wenn Daten hinreichend genau vorhanden sind. Ob der Marktanteil 20% oder 21% beträgt, ist für die Ausgangslage irrelevant
  - Dieser Punkt trifft nicht in gleichem Masse auf die Finanzdaten zu
- Konzentration auf Kernbereiche
  - Welches sind die wichtigsten Themen?
  - Kleine Produktreihen – sogenannter Bauchladen – weglassen
- ABC-Denken: 80 / 20-Regel
  - Mit 20% des Aufwands können 80% der Daten beschafft werden
- Zusammenhänge vernetzt beachten
  - Unterlagen in Verbindung zueinander bringen
  - Abhängigkeiten betrachten
- Plausibilitäts-Check
  - Kann das sein?
  - Wie passen die Unterlagen mit unseren Aussagen zusammen?
- Helikopterblick
  - Distanz wahren – nicht die eigenen Bereiche allein analysieren
  - Externe und unabhängige Teilnehmer einbinden, die die Sicht von aussen mitbringen

Diagnosethemen

Liste der Diagnosethemen, die dem Team vorgelegt wird, um daraus den Bedarf abzuleiten:

Diagnose des Umfeldes

Die Umfeldanalyse teilen wir ein in die Analyse der Umweltsphären, die auf das Unternehmen einwirken, in die Analyse der Stakeholder und in die Analyse der Konkurrenten:

Analyse der Umweltsphären

- Wirtschaftliche Entwicklung
- Technologische Entwicklung
- Ökologisches Umfeld
- Gesellschaftliches und soziales Umfeld

Analyse der Stakeholder

- Kunden, Lieferanten, Mitarbeiter, Geldgeber, Medien, Behörden, Verbände

- Öffentliche Interessengruppen wie z.B. NGO

Analyse der Konkurrenten

- Konkurrenten heute
- Konkurrenten morgen
- Konkurrenten in der eigenen Branche
- Konkurrenten aus fremden Branchen

Analyse des Unternehmens

- Leistungserstellung
  - Produktion, Beschaffung, Logistik
  - F & E (Forschung und Entwicklung)
- Leistungserbringung (Markt)
  - Vertrieb, Marketing
  - Kommunikation
- Funktionalbereiche
  - Human Resources
  - Finanz- und Rechnungswesen
  - Controlling, Administration
- Führungssysteme
  - Managementsysteme, Führungsorganisation
  - Führungsmethoden, Management – Personen
- Resultate und Ergebnisse
  - Umsatzentwicklung
  - Ergebnisentwicklung
  - G & V und Bilanz
  - Analysethemen für das Unternehmen als Ganzes
  - Führungssysteme
  - Leistungserstellung und -erbringung
  - Funktionalbereiche

Vorgehen

Das Vorgehen erfolgt in zwei Schritten:

1. Auswahl der Themen und Zusammenfassung zu einer Liste von ca. je 10 Themen
2. Abgleich mit den vorhandenen Unterlagen (dieser Schritt kann auch als Hausaufgabe verteilt werden)

3. STRATEGISCHE POSITIONIERUNG

Abbildung 14: Die SWOT als Ergebnis der Diagnose

In diesem Kapitel beschreiben wir den ersten Zwischenschritt. Dieser folgt auf die Diagnose der Ausgangslage, umfasst im Kern die strategische Positionierung und schafft die Voraussetzungen für den Start der Strategieentwicklung.

In Lehr- und Handbüchern der Unternehmensstrategie wird dieser Schritt meist übergangen oder zumindest nicht inhaltliche in Bezug auf die Praxis erläutert.

Dabei sind hier unerlässliche Grundlagenarbeiten für den weiteren Entwicklungsprozess zu erledigen. So sind insbesondere die Ergebnisse der Diagnosephase darzustellen, zu diskutieren und daraus die notwendigen Schlussfolgerungen zu ziehen. Diese werden in einer Entscheidungsgrundlage beschrieben und dem Lenkungsausschuss vorgelegt.

Konsens über die Beurteilung der Ausgangslage

Dessen Aufgabe besteht darin, sich damit auseinanderzusetzen und Konsens über die Beurteilung der Ausgangslage herzustellen, bevor die entsprechenden Entscheide getroffen werden und der Auftrag für die nächste Phase gegeben wird.

Damit ist dieser Schritt genauso wichtig wie die strategische Diagnose und wir räumen ihm den notwendigen Zeitrahmen im Strategieprozess ein.

Die Ergebnisse der strategischen Positionierung sind:

- Konsens über die Beurteilung der Ausgangslage
- Darstellung der strategischen Situation auf Geschäftsfeld- und Unternehmensebene
- Verabschiedung der strategischen Hauptherausforderungen und Fragestellungen
- Entscheid über die Vollständigkeit der Diagnosephase – diese ist somit abgeschlossen
- Entscheid über die Geschäftsfeldgliederung als Grundlage für die Strategieentwicklung
- Verabschiedung von Wertvorstellungen
- Vorgabe der Normstrategien als Leitplanken für die Ausarbeitung der strategischen Optionen
- Auftrag an das Projektteam zum Start der Gestaltungsphase und damit zur Erarbeitung der Geschäftsfeldstrategien

4. GESTALTUNG

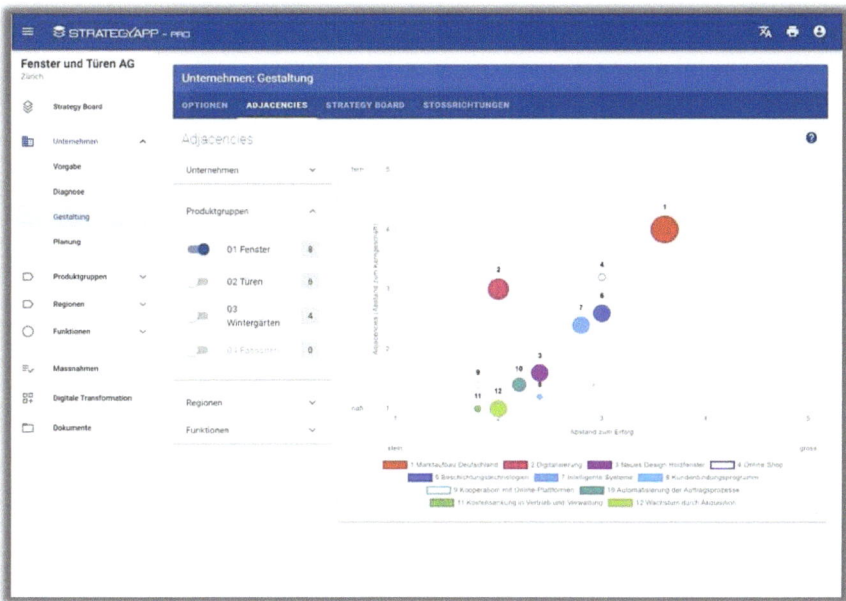

Abbildung 15: Bewertung von strategischen Optionen mit dem Adjacency-Modell

Nach Abschluss der Diagnosearbeiten folgt die eigentliche Entwicklung und Gestaltung der Strategie. Diese Phase beginnt mit dem Ausarbeiten von strategischen Optionen je Geschäftsfeld. Grundsätzlich mögliche Geschäftsaktivitäten werden in einem kreativen Prozess als Strategieoptionen erarbeitet, um diese danach zu bewerten und als strategische Stossrichtungen zu auszuarbeiten.

Von den Stossrichtungen ausgehend werden die Geschäftsfeldstrategien ausformuliert und konsolidiert. Diese nennen wir «Grundstrategien». Daraus lassen sich die funktionalen Anforderungen ableiten, die ihrerseits die Basis für die strategischen Massnahmen und für die Funktionalkonzepte bilden. Eine erste grobe Ressourcenplanung schliesst diese Phase ab.

Ergebnisse

Ziel des abschliessenden Workshops ist es, die Hauptstossrichtungen der Strategie in einer strategischen Roadmap zusammenzufassen und dem Lenkungsausschuss vorzulegen, damit dieser die konkrete Ausformulierung der Businesspläne je Geschäftsfeld freigeben kann.

Die Hauptergebnisse der Gestaltung auf einen Blick:

- Die Evaluation der strategischen Stossrichtungen ist durchgeführt
- Die Geschäftsfeldstrategien sind ausgearbeitet
- Die Zielsetzungen und Ressourcen pro Geschäftsfeld sind grob beschrieben
- Die Themen für spätere strategische Initiativen sind aufgelistet
- Die strategische Roadmap steht
- Die Anforderungen an die Funktionalbereiche sind ausgearbeitet

Vorgehen

In der Gestaltungsphase werden die Geschäftsfeldstrategien ausgearbeitet. In einem ersten Schritt geht es um die grundsätzlich möglichen (und sinnvollen) Geschäftsaktivitäten. Diese werden strategische Optionen genannt und dienen als «Wegweiser». Im Gegensatz zur eigentlichen Strategie zeigen diese noch nicht das konkrete Ziel und den Weg dazu auf. Die Gestaltungsphase ist die kreative Phase des Strategieprozesses. Es sollten möglichst zahlreiche Varianten erarbeitet werden.

In einem zweiten Schritt werden die Optionen bewertet und zu strategischen Stossrichtungen gebündelt. Die strategischen Stossrichtungen werden dann zu Geschäftsfeldstrategien zusammengefasst und am Schluss der Gestaltungsphase in Form einer strategischen Roadmap dem Lenkungsausschuss zum Entscheid vorgelegt.

Als Basis für diese Arbeiten gehen wir von den Normstrategien aus der Diagnosephase aus. Es kann sinnvoll sein, nach der Bündelung der Optionen zu Stossrichtungen und vor der Ausformulierung der Grund- / Geschäftsfeldstrategien eine weitere Lenkungsausschuss-Sitzung einzuberufen, um die grundsätzliche Richtung der Strategie noch einmal zu diskutieren und festzulegen.

Instrumente

Auch für die Gestaltungsphase gibt es eine Reihe von Instrumenten vor, deren Anwendung im Band 2 im Detail beschrieben wird. Eine Auswahl sind die folgenden Werkzeuge:

- Marktplatz
    - Erarbeiten von Optionen
- Adjacencies
    - bewerten von Optionen
- Ansoff-Matrix
    - Bündelung der Optionen
- eBMC
    - Erstellen von Geschäftsmodellen
- StrategyBoard
    - Plausibilität der Strategie
- Bewertung
    - Bewertung der Stossrichtungen
- Beschreibung der Stossrichtungen

5. STRATEGISCHE AUSRICHTUNG

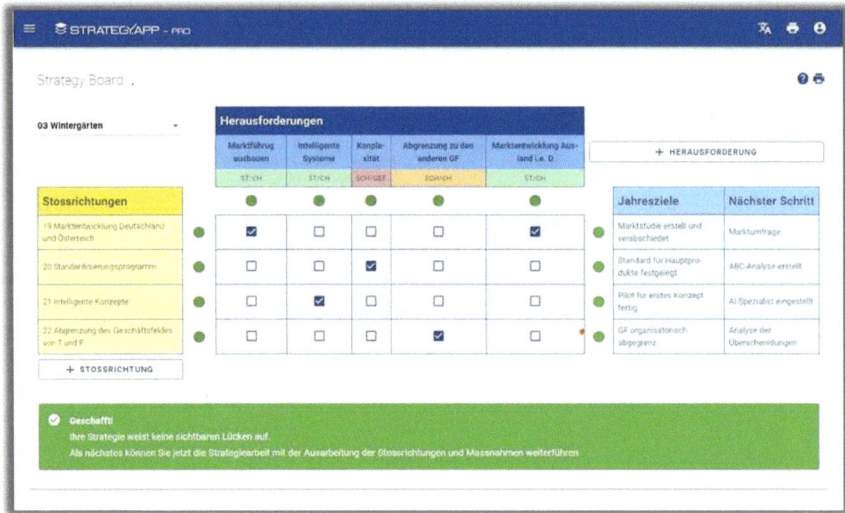

Abbildung 16: Abgleich der strategischen Stossrichtungen mit den Hauptherausforderungen

In dieser Phase wird die Strategie festgelegt und verabschiedet. Aus den strategischen Stossrichtungen werden die einzelnen Geschäftsfeldstrategien formuliert und zusammengefasst in einer Roadmap dem LA zum Entscheid vorgelegt. Die Summe der strategischen Ziele ergibt die Zielsetzung des Unternehmens und sollte mindestens das Niveau der Vorgaben erreichen.

Aus den Grundstrategien werden die funktionalen Anforderungen erstellt. Diese bilden die Basis für die strategischen Massnahmen, die in der nächsten Phase für die Umsetzung ausgearbeitet werden. Auf dieser Grundlage lassen sich dann der Aufwand und die notwendigen Mittel für die Umsetzung grob abschätzen.

Jetzt stellt sich auch die Frage nach dem Leitbild und den Vorgaben noch einmal. Stimmt das Leitbild noch oder gibt es Vorschläge zu einer Anpassung oder Überarbeitung? Das Projektteam stellt dazu einen Vorschlag zusammen. Damit kann auch die Unternehmensstrategie als Ganzes abgeschlossen werden. Dazu werden die strategischen Vorgaben mit den Ergebnissen der Geschäftsfeldstrategien abgestimmt.

Ergebnisse

Das Ergebnis dieses Schrittes sind somit die Verabschiedung der Grundstrategien und der strategischen Ressourcen sowie die Freigabe für die Ausformulierung der strategischen Projekte und der Businesspläne.

Die Hauptergebnisse der strategischen Ausrichtung auf einen Blick:

- Die Grundstrategien der Geschäftsfelder sind verabschiedet
- Die strategischen Zielsetzungen pro Geschäftsfeld sind beschrieben
- Die Themen für spätere strategische Initiativen sind aufgelistet
- Der grobe strategische Businessplan ist entworfen
- Die Anforderungen an die Funktionalbereiche sind ausgearbeitet
- Eine Übersicht über die notwendigen Ressourcen und Investitionen steht
- Die strategische Ausrichtung ist mit dem Leitbild abgeglichen

Vorgehen

Die vom Team ausgearbeiteten strategischen Stossrichtungen und Geschäftsfeldstrategien werden konsolidiert und zusammengefasst. Als strategische Roadmap werden sie dem LA zur Entscheidung vorgelegt. Diese Roadmap beinhaltet neben der Beschreibung der Strategien auch eine erste Übersicht über die notwendigen Investitionen und andere Ressourcen, die das Team von den funktionalen Anforderungen abgeleitet hat. Wie schon im ersten Schritt, in dem wir die Wertvorstellungen diskutiert haben, widmen wir uns hier auch einem sogenannten weichen Faktor – dem Leitbild. Das Team vergleicht das bestehende Leitbild mit den Grundstrategien und macht Vorschläge, dieses in einzelnen Punkten anzupassen oder zu ergänzen.

Im Rahmen dieses Schritts führen wir den nächsten Workshop durch, in dem alle Unterlagen für den LA zusammengestellt werden. Ziel ist es, vom LA die Freigabe für die Umsetzungsplanung der Strategie zu erhalten. Somit verlassen wir hier die konzeptionelle Phase und beginnen damit, die vorliegenden Ergebnisse Schritt für Schritt zu konkretisieren.

6. PLANUNG

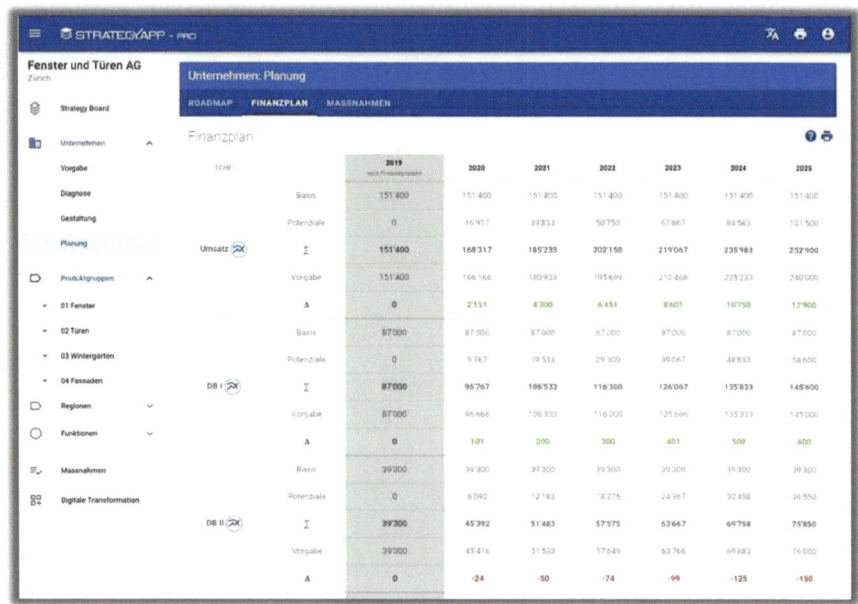

Abbildung 17: Finanzplan und Vergleich mit den strategischen Vorgaben

Früher hat man entweder wenig oder gar nicht geplant. Oder man hat die Planung in Angriff genommen und versucht, alles bis ins Detail in grossen und kleinen Projekten zu verorten. So scheiterte die Umsetzung entweder an zu wenig oder dann an zu viel Planung.

Mit OKR hat sich eine Methode bewährt, die es ermöglicht, alles was nicht als Projekt planbar ist, offen und agil anzugehen. Ich empfehle deshalb heute, möglichst viele Ziele in die OKR-Kiste zu packen und Projekte nur für Ziele aufzusetzen, die vom Typ her konkret geplant werden müssen. Dies kann eine Fabrikhalle sein oder ein konkretes Infrastruktur-Vorhaben.

Entscheidend im Hinblick auf die Umsetzung ist, dass die Ausarbeitung der Businesspläne und die Umsetzungsplanung von den gleichen Mitarbeitern gemacht werden, die bisher die Strategie erarbeitet haben. Dies betrifft alle OKR-Themen, denn hier ist die Einbindung der Mitarbeiter Methode. Damit werden das Commitment gestärkt und die Chancen für den Umsetzungserfolg erhöht.

> Achtung: OKR ist nicht einfach ein neues Instrument – nein, es ist eine Arbeitsform, die eine neue Kultur erfordert. Mehr dazu in Band 3 in dieser Reihe.

Ergebnisse

Die Hauptergebnisse der Planungsphase auf einen Blick:

- Die Massnahmen sind in strategische Projekte und solche, die mir OKR umgesetzt werden, unterteilt
- OKR ist aufgesetzt, d.h., der Kulturwandel ist eingeleitet
- Aus den Massnahmen und notwendigen Mitteln ist der strategische Finanzplan erstellt
- Die organisatorischen Anforderungen sind vom Team zusammengestellt

Instrumente

In der Planungsphase setzen wir folgende Instrumente ein:

- Finanzpläne
- Massnahmen
- OKR
- Organisatorische Anforderungen
- Störungsanalyse

7. FREIGABE DER STRATEGIE

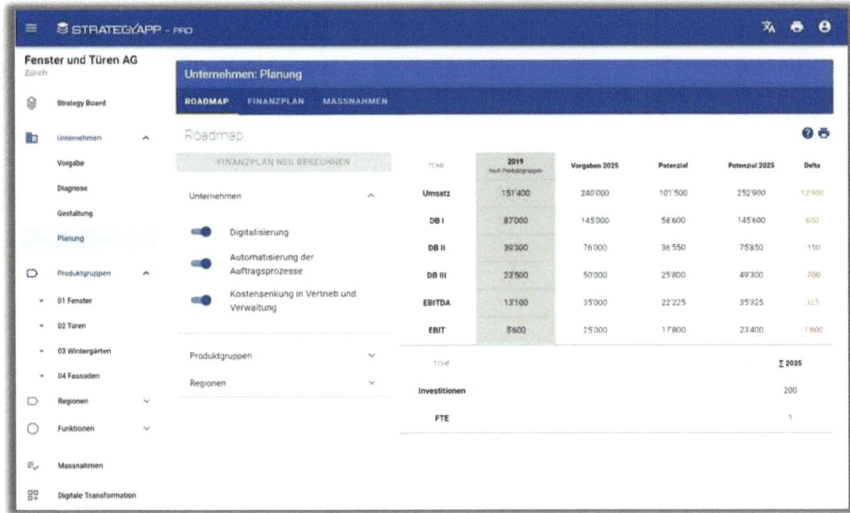

Abbildung 18: Die strategische Roadmap

Die Strategien sind ausgearbeitet, die Massnahmenlisten erstellt und zugeordnet; die Finanzpläne stehen und sind bereit, um mit der Mittelfristplanung und der Budgetierung abgestimmt zu werden. In der Freigabephase, die der Vorbereitung der Umsetzung dient, werden die Anforderungen aus der Strategie in einer Vorlage zusammengefasst und dem LA unterbreitet, damit dieser in einer letzten Sitzung grünes Licht für die Umsetzung geben kann.

Auf dieser Basis kann jetzt die Umsetzung eingeleitet werden. Der Lenkungsausschuss verabschiedet die Finanzpläne. Die Massnahmen und die Ressourcen werden freigegeben und in die Mittelfristplanung aufgenommen.

Getreu nach dem Motto «Structure follows strategy» taucht jetzt wieder die Frage nach der Organisation auf. Wir werden dieses Thema im ersten Teil des dritten Bandes eingehend behandeln. Ich darf schon einmal auf das Buch von M. Pfiffner hinweisen: «Die dritte Dimension des Organisierens», das wir als Basis für die Organisationsfragen nehmen werden.

Ergebnisse

Die Hauptergebnisse der Freigabephase auf einen Blick:

- Die Strategien sind zusammengefasst, vom LA verabschiedet und zur Umsetzung freigegeben
- Die strategischen Businesspläne sind verabschiedet
- Investitionspläne sind ausgearbeitet und verabschiedet
- Vorbereiten und Aufsetzen der Umsetzungsorganisation für die Umsetzung sind erfolgt
- Wenn mit OKR umgesetzt werden soll, ist die Einführung der Methode vorbereitet
- Die organisatorischen Konsequenzen sind aufgezeigt und verabschiedet – evtl. Ausarbeitung einer neuen Struktur / Organisation beschlossen
- Kommunikation an alle Stakeholder ist erfolgt

8. STRATEGIEUMSETZUNG

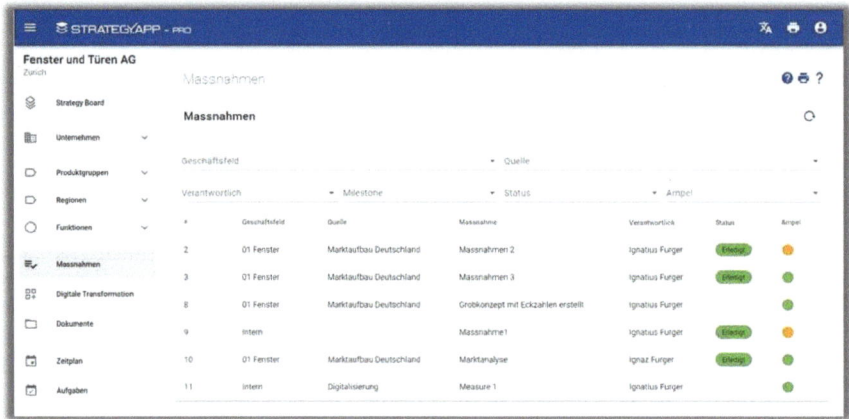

Abbildung 19: Massnahmenplan als Führungsinstrument

Nur eine Strategie, die umgesetzt wird, ist auch eine gute Strategie. Deshalb ist die Umsetzung die wichtigste Phase in der Strategieentwicklung. Alle Massnahmen sind jetzt definiert und zugeordnet, die Ziele sind nicht nur festgelegt, sondern auch in die Mittelfristplanung und in die jährliche Budgetierung übernommen worden. Die strategischen Projekte und die ersten OKR-Massnahmen wurden gestartet – und bald müssen die ersten Resultate sichtbar werden.

Damit sich die Ergebnisse nachverfolgen lassen, wird die Umsetzungsphase von einem strategischen Controllingprozess begleitet. In einem regelmässigen Strategie-Review-Meeting, das am Anfang alle 3 oder 6 Monate, später noch einmal im Jahr, stattfindet, wird über den Fortschritt der Projekte und die Ergebnisse berichtet, werden die Rahmenbedingungen überprüft und eventuelle Anpassungen vorgenommen.

Parallel zu diesem Controllingprozess können strategische Initiativen aufgesetzt werden. Diese werden in die strategische Planung und in den Berichtsrhythmus eingebunden; an einem strategischen Review-Meeting werden einerseits neue strategische Initiativen in Auftrag gegeben, andere, die inzwischen ausgearbeitet wurden, werden verabschiedet und in die Umsetzung gegeben.

Damit erhält das Unternehmen einen strategischen Planungsprozess, der als eigenständiger Geschäftsprozess aufgesetzt wird; dies erlaubt es, strategische Fragestellungen getrennt vom operativen Tagesgeschäft zu behandeln.

Für weitere Anleitungen und Instrumente zum Thema Umsetzung und Controlling inklusive OKR verweisen wir auf Band 3 dieser Reihe: Organisation und Umsetzung.

Idealerweise ist das strategische Controlling organisatorisch bei der strategischen Planung oder der Unternehmensentwicklung angegliedert und berichtet direkt an die Geschäftsführung.

VORGEHENSMODELLE

Wir beschreiben in diesem Handbuch den idealtypischen Strategieentwicklungsprozess mit den einzelnen Schritten.

Es ist jedoch nicht immer möglich und angebracht, den ganzen Prozess im Einzelnen durchzugehen. In einer schnelllebigen Zeit ist auch hier Schnelligkeit verlangt. Deshalb stellen wir in knapper Form fünf weitere Vorgehensweisen vor, die je nach Situation und Sachlage angewendet werden können. Wir sind sicher, dass Sie für sich daraus eine sechste Variante erstellen, und das ist auch gut so.

Welches der Vorgehensmodelle auch angewendet wird, entscheidend ist stets, dass das Grundprinzip beibehalten wird, dass die Grundlogik stimmt und die Strategie am Schluss die Hauptherausforderungen abdeckt. Dazu sichern wir uns mit Hilfe des StrategyBoards ab, das jederzeit als Strategiecheck eingesetzt werden kann.

Grosses Modell:

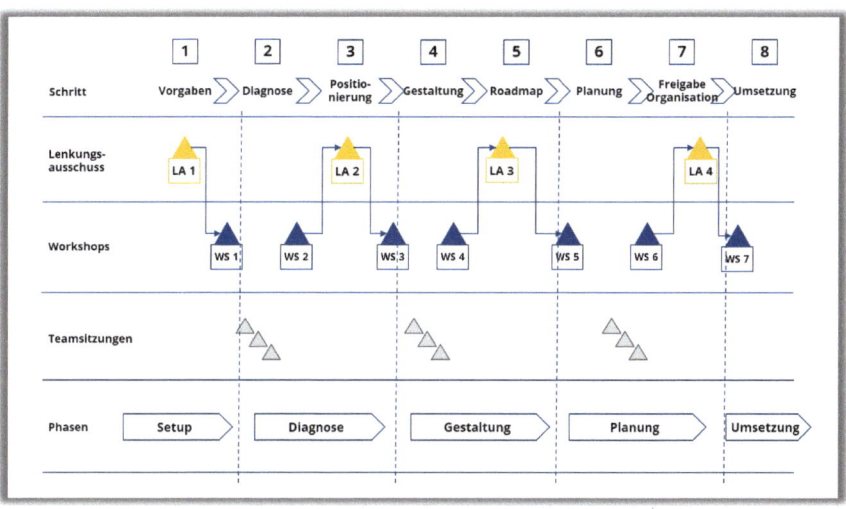

Abbildung 20: Der grosse Strategieprozess

Das grosse Modell deckt den Strategieprozess in seiner ganzen Länge und Tiefe ab. Dieses Modell war auch die Grundlage für die detaillierte Beschreibung des Strategieprozesses oben. Sie finden hier den Prozess mit all seinen Elementen grafisch dargestellt. Das Wesentliche daran ist, dass die LA-Sitzungen separat von den Workshop und Arbeitssitzungen durchgeführt werden.

Einfaches Modell:

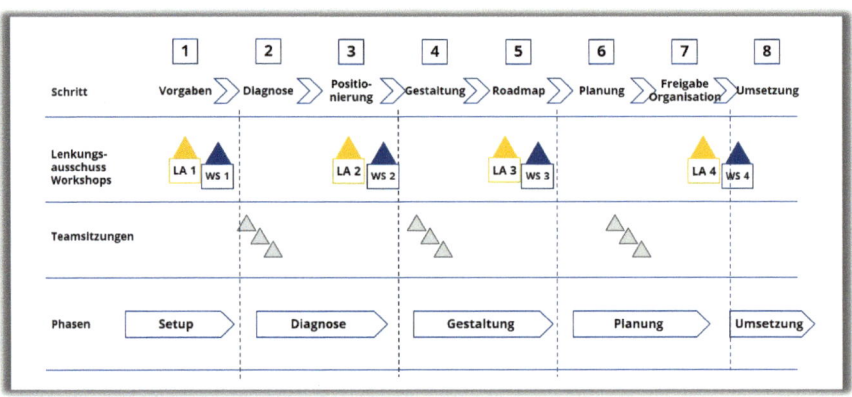

Abbildung 21: Der einfache Strategieprozess

Eine vereinfachte Vorgehensweise erhalten wir dadurch, dass wir die LA-Sitzungen und die Workshops zusammenlegen. Damit sparen wir einen Tag ein, und die Übergabe für die nächste Phase kann direkt vom LA an das Team erfolgen. Der Nachteil dabei ist, dass die LA-Unterlagen, das heisst die Ergebnisse und die Entscheidungsunterlagen, entweder in Arbeitssitzungen erstellt werden müssen oder aber vom Projektleiter zusammengestellt werden. Für die Abstimmung mit dem Team wird der Spielraum eng. Dies kann dadurch gelöst werden, dass die einzelnen Arbeitsgruppen einen Teamsprecher bestimmen, der sie bei der Zusammenstellung der Entscheidungsunterlagen vertritt.

Kurzstrategie oder Strategie in 3 Tagen:

Die Kurzstrategie wird mit zwei Workshops durchgeführt. Das Team ist entsprechend anzupassen, d. h. es werden weniger Teilnehmer dabei sein, und man wird von Anfang an die Geschäftsfelder auf die Gruppen verteilen. Die

Vorarbeit, die Aufbereitung der Daten und die Analysen haben entweder vorher zu erfolgen oder liegen zum grossen Teil schon vor. Man startet unmittelbar mit der SWOT und der Ausarbeitung der ersten strategischen Optionen. Im zweiten Workshop werden die Strategien pro Geschäftsfeld formuliert und danach dem LA oder der GF zum Entscheid vorgelegt. Die Umsetzung wird von der GF direkt an die Linie gegeben.

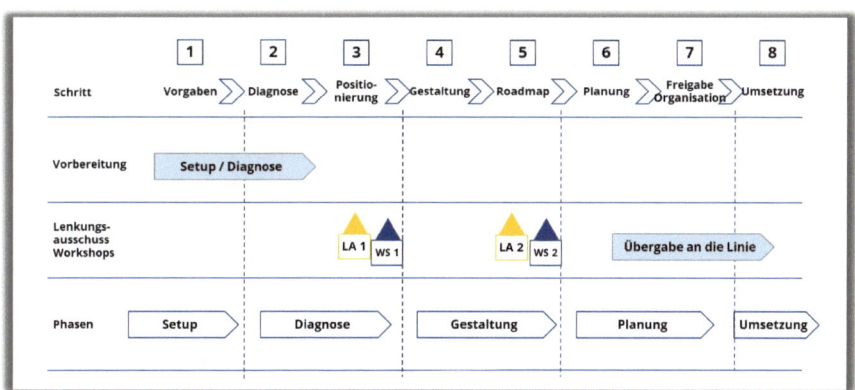

Abbildung 22: Der kurze Prozess

Die Top-Management-Strategie-Klausur

Die Top-Management-Strategie-Klausur ist die kürzeste und effizienteste Form einer Strategieerarbeitung. Es ist jedoch zu bedenken, dass hier die Entscheide sehr kurzfristig und vor allem von oben herab getroffen werden. Trotzdem ist es manchmal angebracht oder sogar notwendig, dass sehr schnell entschieden wird, und wenn das Top-Management dadurch Führungsstärke zeigt, wird dies von der Belegschaft auch akzeptiert. Dieses Vorgehen soll aber nicht der Normalfall sein und entweder in Krisensituationen, in denen schnelle Entscheide notwendig sind, oder dann auf Basis einer laufenden Strategie, wo es um eine strategische Weichenstellung geht, angewendet werden. Für die Top-Management-Klausur ist eine intensive Vorbereitung unabdingbar, und es ist angebracht, betroffene Mitarbeiter möglichst mit einzubeziehen und die Vorbereitung nicht nur von externen Beratern durchführen zu lassen.

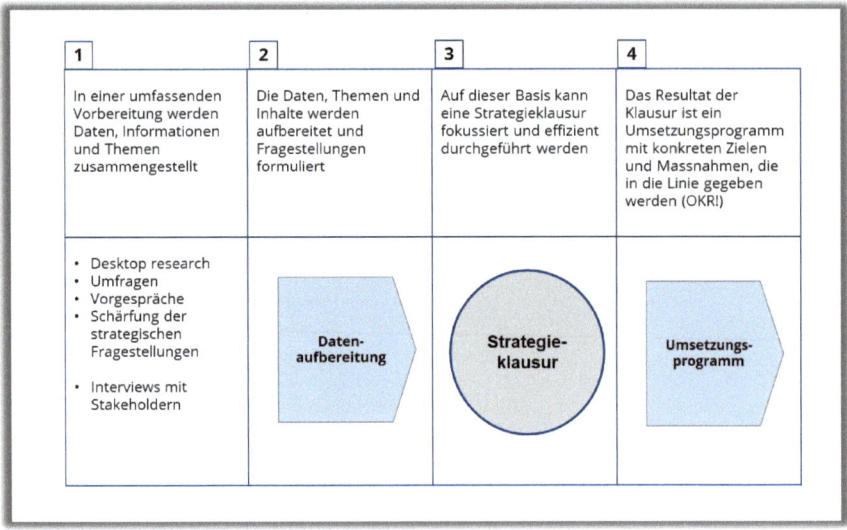

Abbildung 23: Die TOP-Management-Strategie-Klausur

Für die Klausur liegen die SWOT und die Hauptherausforderungen vor, sodass das Top-Management wirklich auf Basis von starken Fakten entscheiden kann. Die Strategie wird in den Grundzügen skizziert und geht zur Ausarbeitung in die Linie bzw. an die Leiter der Geschäftsbereiche, die auch als Teilnehmer an der Klausur dabei sein können.

Die strategischen Initiativen

Die strategische Initiative ist ein Element der strategischen Planung und bearbeitet jeweils eine strategische Fragestellung. Der Inhalt kann eine Länderstrategie sein, ein neues Geschäftsfeld, die Überarbeitung einer Teilstrategie oder die Einführung einer neuen Produktlinie. Während im Top-Management-Workshop die Geschäftsführung sich mit der Strategie befasst, kann eine strategische Initiative vom Bereichsleiter mit seinen Mitarbeitern erarbeitet werden. Das Vorgehen ähnelt einer kleinen Strategie und folgt der gleichen Logik wie die Erarbeitung einer Gesamtstrategie.

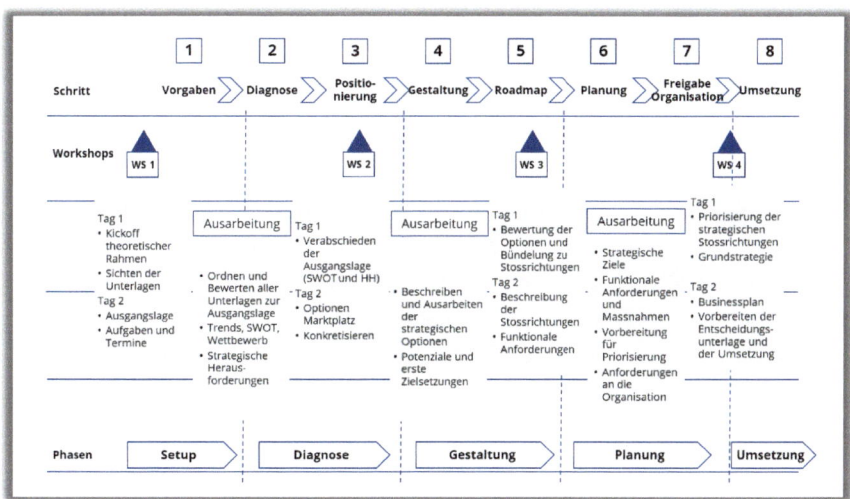

Abbildung 24: Strategische Initiativen

Wir haben mehrmals nach der Erarbeitung einer Unternehmensstrategie Initiativen dieser Art durchgeführt. Dabei wurden Themen bearbeitet, die bei der Gesamtstrategie zurückgestellt worden oder aber erst später aufgetaucht waren. Mit diesem Instrument lassen sich strategische Fragestellungen geordnet innerhalb der strategischen Planung bearbeiten und in die Planung integrieren.

DIE STRATEGY.APP

- … ist eine Software-Applikation auf der Basis SaaS (Software as a Service), die den Strategieentwicklungsprozess abbildet.
- … ist nach Bedarf konfigurierbar und erlaubt es Ihnen, die für Ihr Unternehmen passenden Instrumente auszuwählen.
- … gewährt dem Anwender orts- und geräteunabhängig Zugriff auf eine konsistente Datenbasis.

Abbildung 25: Struktur der STRATEGY.APP

Während für die operative Führung und Steuerung der Einsatz von standardisierten Methoden und Software-Applikationen von der Buchführung bis zur Steuererklärung seit langem eine Selbstverständlichkeit ist, gibt es für die strategische Steuerung eines Unternehmens bisher nichts Vergleichbares.

STRATEGY.APP® schliesst diese Lücke.

Mit dem folgenden Link können Sie die App 30 Tage lang kostenlos und unverbindlich testen:

Anmelden für STRATEGY.APP®:
https://www.strategy.app/app_registrieren

Copyright © 2021

Ignaz Furger
Krönleinstrasse 14
www.strategy.app
ignaz.furger@strategy.app
+41 44 251 8070

Dieses Werk ist urheberrechtlich geschützt. Alle Rechte, auch die der Übersetzung, des Nachdrucks und der Vervielfältigung des Werkes oder Teilen daraus, sind vorbehalten. Kein Teil des Werkes darf ohne schriftliche Genehmigung des Verlags in irgendeiner Form (Fotokopie, Mikrofilm oder einem anderen Verfahren), auch nicht für Zwecke der Unterrichtsgestaltung, reproduziert oder unter Verwendung elektronischer Systeme verarbeitet, vervielfältigt oder verbreitet werden. Die Wiedergabe von Gebrauchsnamen, Handelsnamen, Warenbezeichnungen usw. in diesem Werk berechtigt auch ohne besondere Kennzeichnung nicht zu der Annahme, dass solche Namen im Sinne der Warenzeichen- und Markenschutz-Gesetzgebung als frei zu betrachten wären und daher von jedermann benutzt werden dürfen. Trotz sorgfältigem Lektorat können sich Fehler einschleichen. Autor und Verlag sind deshalb dankbar für diesbezügliche Hinweise. Jegliche Haftung ist ausgeschlossen, alle Rechte bleiben vorbehalten.

DER AUTOR

Ignaz Furger unterstützt seit über 20 Jahren Unternehmen und Organisationen in strategischen Fragestellungen. Die Ausbildung der Mitarbeiter in strategischem Management mit praktischen Aufgaben bildet dabei eine zentrale Rolle. Ignaz Furger ist Autor des Bestsellers Strategieleitfaden, einer praktischen Anleitung für Unternehmensstrategien sowie Gründer und Betreiber der Strategieapplikation STRATEGY.APP.

Links

http://www.strategy.app
http://www.strategy.app/blog
https://www.strategy.app/registrieren

Whitepapers und Tools:

https://www.strategy.app/whitepaper_praemissencontrolling
https://www.strategy.app/whitepaper_massnahmen
https://www.strategy.app/whitepaper_strategieprozess
https://www.strategy.app/whitepaper_setup

www.ingramcontent.com/pod-product-compliance
Lightning Source LLC
Chambersburg PA
CBHW040321220526
45473CB00009B/2523